via reise

Ute Kissling

Greifswald

Greifswalder Bodden · Lubmin

via Tipp Lieblingsorte unserer Autorin
★ Highlights
Grüne Tipps
Familientipps

Preissymbole (Erläuterung ▸ Seite 37)

	Hotels (DZ), Ferienzimmer und -wohnungen
€	bis 60 Euro
€€	bis 120 Euro
€€€	über 120 Euro

Land & Leute

Reisepraktisches

Orte & Landschaften

Entdeckertouren

Willkommen in Greifswald & am Greifswalder Bodden

Kulturelles Zentrum und heimliche Hauptstadt Vorpommerns, ein Ort der Wissenschaft und geschichtsträchtige Hansestadt, traditionsbewusst und modern – all das ist Greifswald an der Vorpommerschen Ostseeküste.

Greifswald wird besonders durch seine Universität geprägt. Sie ist Lehrort für rund 11 000 Studenten, die der Hansestadt eine lebendige, ungezwungene Atmosphäre verleihen. Im Sommer gehören die zahlreichen Radfahrer zum idyllischen Stadtbild und die Grünflächen sowie das Ufer des Ryck verwandeln sich in beliebte Outdoor-Treffpunkte. Mit etwas Glück entspannt man in einem der begehrten Liegestühle am Nordufer des Flusses und genießt beste Aussichten auf den Museumshafen. Am Abend locken die Studentenclubs mit ihrem legeren Flair nicht nur Hochschüler an. Und auf den Straßen und Plätzen der Altstadt herrscht bis in die Nacht munteres Treiben, das sich vor den Cafés am Marktplatz gemütlich beobachten lässt.

Eine Stadt der kurzen Wege

Greifswald lässt sich wunderbar zu Fuß erkunden, denn die meisten Sehenswürdigkeiten befinden sich nicht weit voneinander in der historischen Altstadt. Beim Bummel über den Marktplatz und durch die Gassen des alten Stadtkerns wird die Geschichte der Stadt ebenso lebendig wie bei einer Führung durch die renommierte Universität oder beim Streifzug auf dem Caspar-David-Friedrich-Bildweg,

Am Fischmarkt in Greifswald fällt das leuchtend rote Rathaus sofort ins Auge

der zu den wichtigen Lebens- und Wirkungsorten des bekannten Malers führt. Caspar David Friedrich wurde in Greifswald geboren und hat viele Motive seiner Heimat weltberühmt gemacht. Sein Andenken hält die Stadt in seinem Geburtshaus wach, das heute als *Caspar-David-Friedrich-Zentrum* viele Besucher anzieht.

Für Kulturbegeisterte hat Greifswald noch weitere Leckerbissen zu bieten. Das renommierte Pommersche Landesmuseum umfasst mehrere Gebäude und hütet neben den Kulturschätzen der Region auch Gemälde bedeutender Künstler, darunter Caspar David Friedrich. Abends öffnet das Theater Vorpommern sein Großes Haus für philharmonische Konzerte, Ballett und natürlich Schauspiel.

In der Altstadt schweift der Blick immer wieder auf drei markante Kirchtürme, die über den Dächern hervorragen. Sie gehören zum Dom St. Nikolai, zur Marienkirche und zu St. Jacobi. Alle drei sind aus den regionaltypischen roten Backsteinen erbaut. Wenigstens für den Besuch des Doms darf man sich gern etwas Zeit nehmen. Sein Kirchturm bietet auf 60 Metern Höhe eine Aussichtsplattform. Von oben genießt man einen großartigen Blick, der über die Stadt bis zum Greifswalder Bodden reicht.

Natur pur rund um Greifswald

Umgeben ist Greifswald von der weiten Landschaft am Greifswalder Bodden mit kleinen Stränden, einem breiten Schilfgürtel und stillen Fischerdörfern. Ausflüge mit dem Fahrrad lassen sich prima ins Umland unternehmen, die flachen Strecken sind auch für Kinder problemlos zu schaffen. Mit dem Schiff geht es zu den Robbenbänken oder auf die Insel Greifswalder Oie mit ihrem über 150 Jahre alten Leuchtturm. Wasserwanderer finden ihr Paradies weiter südlich im idyllischen Naturschutzgebiet des Peenetals.

Blick vom Greifswalder Hafen auf das belebte Nordufer des Ryck

Wo es am schönsten ist

Greifswald

Das Herz der charmanten Altstadt bildet der Marktplatz mit seinen schmucken Giebelhäusern und dem Rathaus. Von einem der umliegenden Cafés kann man die quirlige Atmosphäre des Marktplatzes auf sich wirken lassen. Beim Schlendern am historischen Hafen und entlang des Ryck präsentiert sich die Hansestadt von ihrer maritimen Seite. Ebenfalls interessant: ein Spaziergang entlang der historischen Wallanlagen, die sich wie ein Ring um die Altstadt legen (▸ Seite 46).

Unbedingt lohnenswert ist auch der Besuch der Vororte am Bodden: In Eldena beeindruckt die mächtige Klosterruine, im malerischen Wieck lässt man sich auf der historischen Klappbrücke die Seeluft des Boddens um die Nase wehen (▸ ab Seite 72).

Lubmin

Knapp 20 Kilometer östlich von Greifswald liegt Lubmin, das einzige Seebad am Greifswalder Bodden. Trotz seiner langen Badetradition ist Lubmin noch fast ein Geheimtipp. Der Ort bezaubert durch seinen breiten Sandstrand, die Seebrücke und einige Bäderstilvillen. Sogar im Sommer hält sich der Trubel – anders als auf den nahe gelegenen Inseln Rügen und Usedom – in Grenzen. Ein skurriles, aber spannendes Ausflugsziel ist das stillgelegte Kernkraftwerk vor den Toren Lubmins. Einst bot es tausenden Menschen Arbeit, heute kann es besichtigt werden (▸ Seite 80).

Freest

Etwa 9 Kilometer östlich von Lubmin liegt das Fischerdorf Freest. Die Fischbrötchen am schmucken Hafen sind legendär und die kunstvollen Freester Teppiche sind weit über die Grenzen Mecklenburg-Vorpommerns be-

Typisch Ostsee: Am Sandstrand von Lubmin prägen Strandkörbe das Bild

rühmt. Sie können im Heimatmuseum bestaunt werden (▸ Seite 86).

Kröslin

Deutlich mondäner als in Freest geht es im 3 Kilometer entfernten Nachbardorf Kröslin zu. Hier setzt man auf modernen Tourismus und hat für Urlauber das schicke *Baltic Sea Resort* samt Marina, Gastronomie und Freizeitangeboten errichtet. Als Gegenprogramm zur verträumten Fischerdorfromantik durchaus sehenswert (▸ Seite 89).

Karrendorfer Wiesen

Rund 14 Kilometer nördlich von Greifswald taucht man in eine faszinierende Naturlandschaft ein: Die Salzgraslandschaft der Karrendorfer Wiesen ist ein bedeutender Standort für gefährdete Pflanzenarten und ein wichtiger Lebensraum für Küstenvögel. Die Wiesen sind Teil des *Naturschutzgebiets Insel Koos, Kooser See und Wampener Riff*. Beschauliche Dörfer, viel Natur und abgeschiedene Badestellen prägen den Landstrich (▸ Seite 91).

Gristow

Oberhalb der Karrendorfer Wiesen erstreckt sich die Bucht Gristower Wiek. Namensgeber ist das malerische Örtchen Gristow mit seinen Backstein- und Fachwerkhäusern. Buchstäblich überragende Aussichten bietet der begehbare Turm der Gristower Kirche (▸ Seite 92).

Dörfer im Hinterland

Südlich von Greifswald gibt es im Hinterland jede Menge zu entdecken: Idyllisch gelegen ist das Barockschloss zu Griebenow mit seinem schönen Schlosspark. Sehenswert sind auch die Parkanlage in Behrenhoff, das Herrenhaus von Klein Zastrow und das hübsche Zentrum des Örtchens Dersekow (▸ Seite 98).

Im Hinterland stehen viele malerische Häuser aus Reet, Backstein und Fachwerk

Lieblingsort im Sommer: Vom Nordufer des Ryck hat man einen tollen Blick auf den Museumshafen ▸ Seite 61

Land & Leute

Greifswald & Boddenregion heute

Triebfeder der Stadt: die Universität

Greifswald wird kulturell und wirtschaftlich stark von der Universität geprägt. Manch einer spricht sogar von „einer Universität mit einer Stadt drum herum." So wie einst von der Hanse profitiert Greifswald heute von seiner Hochschule, die mit Abstand der größte Arbeitgeber ist. Mit 9,2 Prozent (Stand 2016) hat die Stadt im strukturschwachen Landkreis Vorpommern-Greifswald die niedrigste Arbeitslosenquote. Zum Vergleich: Im Süden des Landkreises liegen die Quoten bei etwa 13 bis 15 Prozent. Ohne die Universität hätte sich Greifswald nach der Wende niemals so rasant entwickeln können. Die Kaufkraft der Studenten und des akademischen Personals sind für den Einzelhandel ein Segen. Handwerksbetriebe und Bauunternehmen profitieren von den Investitionen der Hochschule, die ihre historischen Institutsgebäude renovieren und einen neuen Campus bauen ließ. Viele Studenten bleiben auch nach ihrem Ab-

Der Fischmarkt: früher Handelsplatz für Fische, heute gemütlicher Ort zum Sitzen

Steckbrief: Greifswalder Bodden

Lage: Bucht der südlichen Ostsee mit einer Mischung aus Süß- und Salzwasser.
Fläche: Mit 514 Quadratkilometern der größte Bodden der Vorpommerschen Boddenlandschaft.
Ausdehnung: Der Greifswalder Bodden wird umgeben von der Insel Rügen im Norden und dem vorpommerschen Festland im Westen und Süden. Südöstlich liegt die Insel Usedom. Weit draußen im Osten des Greifswalder Boddengewässers liegen die kleinen Inseln Ruden und Greifswalder Oie, dahinter beginnt die offene Ostsee. Eine weitere Verbindung zur offenen Ostsee erhält der Greifswalder Bodden über den Strelasund im Westen.
Wassertiefe: Durchschnittlich 5,6 Meter, maximal 13,5 Meter.
Schutzgebiet: Der Greifswalder Bodden ist Teil des EU-Schutzgebietsnetzwerkes *Natura 2000*.

schluss der Stadt treu und machen sich selbstständig.

Schattenseite des Aufschwungs sind die deutlich steigenden Mietpreise. 2012 verzeichnete Greifswald mit über zehn Prozent sogar den höchsten Anstieg bundesweit im Vergleich zum Vorjahr – Tendenz seitdem weiter steigend. Damit zahlen die Einwohner die höchsten Mieten in ganz Mecklenburg-Vorpommern.

Zankapfel: der Namenspatron der Universität

Seit Jahren tobt ein erbitterter Streit um den Namen der Greifswalder Universität, die seit 1933 *Ernst-Moritz-Arndt-Universität* heißt.

Ernst Moritz Arndt war Gelehrter, Schriftsteller, Historiker, Freiheitskämpfer und Abgeordneter der Frankfurter Nationalversammlung. Dennoch werden sein Werk und sein Wirken sehr unterschiedlich beurteilt. Während die einen seine demokratischen Gedanken betonen und ihn als deutschen Patrioten in bewegten Zeiten sehen, charakterisieren ihn die anderen als Nationalisten und heben antisemitische Tendenzen in seinen Schriften hervor.

Nachdem ein Beschluss, den Namen zu streichen, 2017 wegen formaler Mängel abgelehnt wurde, steht seit Januar 2018 fest: Die Universität wird sich von ihrem Namenspatron lossagen. Ob dies die letzte Runde im Namensstreit ist, bleibt offen …

Entwicklungen am Greifswalder Bodden

Die Orte am Bodden haben sich vor allem dem Bade- und Wassersporttourismus verschrieben. Diese Entwicklung begann schon im 19. Jahrhundert. Zu DDR-Zeiten blieb der Bodden im Gegensatz zur restlichen Ostsee ein zugängliches Wassersportgebiet, weil seine beiden Ausgänge zum offenen Meer gut überwacht werden konnten.

Seit 2004 haben sich wieder Kegelrobben (▸ Seite 29) im Bodden angesiedelt. Mittlerweile sind es so viele, dass Fischer über sinkende Fänge, zerrissene Netze und angefressene Fische klagen und eine Obergrenze der geschickten Raubtiere fordern.

Kultur & Lebensart

Architektur

Dass so viele historische Bauten den Zweiten Weltkrieg unzerstört überdauerten, verdankt Greifswald dem damaligen Stadtkommandanten Rudolf Petershagen. Er übergab die Stadt kampflos, als Ende April die Truppen der Roten Armee vor den Stadttoren standen.

Zu massiven Schäden kamen es erst während der DDR-Zeit, als dringend notwendige Restaurierungen nicht ausgeführt und Architekturschätze wie etwa das klassizistische Steinbecker Tor abgerissen wurden. Die Hälfte der geschichtsträchtigen Bausubstanz ging unwiederbringlich verloren. Die DDR-Führung wollte ursprünglich in Greifswald wie in Gotha und Bernau die historischen Gebäude möglichst vollständig durch fortschrittliche Plattenbauten ersetzen – moderne Wohnanlagen mit Fernwärme für den sozialistischen Bürger statt alte Häuser von frühkapitalistischen Unternehmern der Hansezeit. Immerhin rückte die SED von ihrem ursprünglichen Vorhaben ab, die Altstadt komplett abzureißen und das mittelalterliche Straßennetz durch breite Boulevards zu ersetzen.

Ein Glück für Greifswald, dessen Architekturdenkmäler wenigstens teilweise erhalten geblieben sind und ab 1991 aufwendig wiederhergestellt wurden.

Historische Giebelhäuser säumen den Marktplatz von Greifswald

Siegeszug der Backsteingotik

Besonders sehenswert ist der große Marktplatz, der vom freistehenden Rathaus und repräsentativen Giebelhäusern aus Backstein geziert wird. Zusammen mit weiteren Backsteinmonumenten machen sie Greifswald zu einer der bedeutendsten Städte der europäischen Backsteingotik. Diese regionaltypische Bauweise zieht sich wie ein roter Faden entlang der Ostsee und des Binnenlandes von Dänemark über Deutschland bis nach Polen. Sie hat ihren Ursprung darin, dass in der Ostseeregion kein Naturstein vorkommt. Deshalb entwickelte man eine Bauweise, die auf gebrannten Lehmquadern beruht.

Die Verbreitung der Backsteingotik ist eng mit der Blütezeit der Hanse verbunden. Wirtschaftliche Beziehungen zwischen den Ländern brachten einen kulturellen Austausch mit sich. So konnte sich nicht nur die Bauweise mit Backsteinen verbreiten, auch Gebäudetypen wurden länderübergreifend adaptiert. Baumeister in den Hansestädten übernahmen Mitte des 13. Jahrhunderts das französisch-flandrische Bauschema der repräsentativen gotischen Basilika. Als Ausdruck der wirtschaftlichen Stärke entstanden in Greifswald sowie in vielen weiteren Orten außerdem Rathäuser mit dekorativen Schaufassaden.

Die Gebäude des Pommerschen Landesmuseums

Auf den Fundamenten der Kirche des einstigen Franziskanerklosters in Greifswald errichtete Johann Gottfried Quistorp Ende des 18. Jahrhun-

Ein Beispiel für die Backsteingotik in Greifswald ist der Dom St. Nikolai

derts im Stil des Klassizismus die damalige Stadtschule. Das Gebäude beherbergt heute die Gemäldegalerie des Pommerschen Landesmuseums (▸ Seite 63). 1845 wurde das *Graue Kloster* errichtet, ein Armen- und Altenheim. Als Verbindung für die historischen Gebäude dient eine gläserne und multifunktionale Museumsstraße. 2005 verlieh die Architektenkammer von Mecklenburg-Vorpommern dem gesamten Komplex ihren Preis.

Architektur in der DDR & Nachwendezeit

Ab Mitte der 1960er-Jahre wurden im Süden und Osten von Greifswald mehrere große Plattenbau-Wohngebiete errichtet. Tausende Arbeiter des nahegelegenen Kernkraftwerks Lubmin zogen ein und blieben bis zur Stilllegung.

Nach der Wende standen plötzlich viele Wohnungen leer. Plattenbausiedlungen, allen voran das Ostseeviertel, waren als Wohnraum nicht mehr attraktiv. Stadtplaner waren gefragt. Von 2002 bis 2009 wurde dem Ostseeviertel ein neues Gesicht gegeben. Obere Etagen wurden rückgebaut, um Wohnungsleerstand zu beseitigen, Fassaden wurden saniert, Freiflächen in Innenhöfen geschaffen und gestaltet. Mit Erfolg: Die neu gestalteten Plattenbau-Wohnungen sind nun begehrt.

Reet & Backstein: beliebtes Baumaterial in den Dörfern

In den Dörfern im Umland von Greifswald dominieren oft trutzige Backsteinkirchen den Ortskern, der von alten Bauernhäusern umgeben wird. Auch beim Bau von Wohnhäusern griff man oft zu Backstein. So leuchten Orte wie Ludwigsburg in einem warmen Orangerot.

Auch die traditionelle Fachwerkbauweise ist vielerorts noch zu sehen, genauso wie die herkömmliche Dacheindeckung mit Reet. Die niedrigen Häuser mit ihren sanft geschwungenen Gauben fügen sich perfekt in die flache Landschaft und das fast immer windige Wetter ein.

Kunst & Künstler

Der berühmteste Sohn der Stadt ist Caspar David Friedrich (1774–1840). Er gilt als einer der bedeutendsten Maler und Zeichner der deutschen Frühromantik, der auf revolutionäre Weise mit den Traditionen der Landschaftsmalerei von Barock und Klassizismus brach (▶ Seite 16).

Die barocke Lyrikerin Sibylla Schwarz wird 1621 als jüngste Tochter des Greifswalder Bürgermeisters Christian Schwarz geboren. Im Alter von etwa zehn Jahren beginnt sie, Gedichte zu schreiben. Ihre Poesie reflektiert die dunklen Zeiten des Dreißigjährigen Krieges. Sie stirbt bereits mit 17 Jahren am Hochzeitstag ihrer älteren Schwester an der Ruhr. Ihr Geburtshaus ist bis heute erhalten (▶ Seite 54).

„Ich bin in der seinerzeit durch ihre Theologische Fakultät und besonders eifriges Biertrinken ihrer Studenten berühmten Universitätsstadt Greifswald geboren“, schreibt Hans Fallada (eigentlich Rudolf Wilhelm Friedrich Ditzen, 1893–1947) in seinen autobiographischen Aufzeichnungen. Gleich mehrmals gerät der Schriftsteller zu Lebzeiten mit dem Gesetz in Konflikt. Sein Roman *Kleiner Mann – was nun?* wird 1932 zu einem Welterfolg. In Falladas Geburtshaus in der Steinstraße 59 organisert ein Literaturverein Spieleabende und Lesungen.

Seine *Trilogie des Scheiterns* brachte dem in Greifswald geborenen Wolfgang Koeppen (1906–1996) den Ruf eines bedeutenden Autors der Nachkriegsliteratur ein. Zuvor hatte er sich als Schiffskoch, Fabrikarbeiter, Platzanweiser und Glühlampentester verdingt. Koeppens Geburtshaus bewahrt heute seinen Nachlass in einer kleinen Ausstellung, organisiert Kulturveranstaltungen und beherbergt ein Café (▶ Seite 65).

Backstein- und Reetdachhäuser verströmen in Wieck ein maritimes Flair

Caspar David Friedrich

Caspar David Friedrich ist Anfang des 19. Jahrhunderts der Wegbereiter und wichtigste Vertreter einer neuen Kunstepoche: der deutschen Romantik. Er bricht mit den Traditionen der Landschaftsmalerei von Barock und Klassizismus. Seine Bilder sind geprägt von Heimatliebe und Traumata. Sie gelten als subjektive Seelenbilder in den Wirren der Französischen Revolution und Restauration, die den Zeitgeist trafen.

Am 5. September 1774 wird Caspar David Friedrich als sechstes Kind eines Seifensieders geboren. Als 16-Jähriger nimmt er Zeichenunterricht bei Johann Gottfried Quistorp. Dieser vermittelt ihm 1794 ein Studium an der hochrenommierten Königlich Dänischen Kunstakademie in Kopenhagen.

1798 zieht es Friedrich in die Hochburg der Frühromantik nach Dresden. Sein Geld verdient er mit Prospektmalerei, 1799 ist er erstmals als Künstler auf der Jahresausstellung der Dresdner Akademie zu sehen. Der Maler Philipp Otto Runge macht ihn mit romantischen Dichtern wie Novalis bekannt. Immer wieder reist er nach Vorpommern, er hält sich in Neubrandenburg, Greifswald und auf der Insel Rügen auf. 1805 erhält Friedrich den halben Kunstpreis der Weimarischen Kunstfreunde.

Nach einer Wanderung in Nordböhmen stellt Friedrich im Jahr 1808 mit *Kreuz im Gebirge* sein erstes Ölgemälde aus. Es gibt enthusiastischen Zuspruch, aber auch entschiedenen Widerspruch durch den preußischen Kammerherrn Friedrich Wilhelm Basilius von Ramdohr. Der so genannte Ramdohr-Streit führt zu einer grundsätzlichen Diskussion zwischen Klassizisten und Romantikern über die romantische Kunst.

1818 heiratet Friedrich die knapp zwanzig Jahre jüngere Caroline Bommer, die er als Rückenfigur auf zahlreichen Gemälden verewigt. Bis 1820 steht er auf dem Höhepunkt seiner Karriere. Zu seinen Gönnern zählen der preußische König und der russische Zar.

Ab 1825 ist Friedrich gesundheitlich schwer angeschlagen. Dennoch entstehen in den folgenden Jahren bedeutende Gemälde wie *Das große Gehege* oder *Die Lebensstufen*. Danach verblasst Friedrichs künstlerischer Ruhm, weil in der Malerei eine neue Kunstepoche, der Realismus, die Romantik ablöst. Nach zwei Schlaganfällen stirbt er am 7. Mai 1840. Er hinterlässt etwa 300 Gemälde, mehr als tausend Zeichnungen, außerdem Holzschnitte, Radierungen, Aquarelle, Transparente und Naturstudien.

Sein Geburtshaus ist heute als *Caspar-David-Friedrich-Zentrum* für Besucher geöffnet (▶ Seite 55).

Mit Werken wie „Kreidefelsen auf Rügen" wurde der Maler Caspar David Friedrich zum berühmtesten Vertreter der Romantik ▶

Der „Wächter" in Lubmin stammt vom Greifswalder Künstler André Kalunga-Peters

Vorpommersches Platt

Im Mittelalter war Plattdeutsch oder Niederdeutsch die Verkehrssprache in Norddeutschland. Zu den Varianten gehört auch das vorpommersche Platt, die ostniederdeutsche Version.

Anfang des 19. Jahrhunderts waren plattdeutsche Märchen aus Vorpommern populär, zwei von ihnen finden sich in den *Kinder- und Hausmärchen der Gebrüder Grimm* wieder, nämlich *Von dem Machandelboom* und *Von dem Fischer un syner Frau*. Aufgeschrieben hatte sie der in Wolgast geborene Künstler Philipp Otto Runge (1777–1810).

„Schnacken up Platt": Das praktizieren vor allem die älteren Bewohner Greifswalds noch aktiv und ist für Zugereiste nur schwer zu verstehen. Die jüngeren Einheimischen beschränken sich oft darauf, im gewohnt breiten Tonfall eines Norddeutschen zu sprechen. Doch egal ob jung oder alt, maulfaul sind die wenigsten. Wer auf dem Dorf unterwegs ist, wird auf der Straße mit einem breiten „Moin" gegrüßt und gefragt „Wie geit di dat?" – oft der Auftakt zu einer längeren Unterhaltung über das Geschehen im Ort und die große Politik in Berlin.

Damit die niederdeutsche Sprache als wichtiger Teil der Regionalkultur Mecklenburg-Vorpommerns nicht verloren geht, haben die Schulen den Auftrag, Kindern und Jugendlichen die Regionalsprache näher zu bringen. Alle zwei Jahre präsentieren Schüler beim Plattdeutsch-Wettbewerb plattdeutsche Lieder, Sketche, Prosatexte und Gedichte.

Die plattdeutsche Sprache hat in Mecklenburg-Vorpommern sogar Verfassungsrang. So berät der Niederdeutsch-Beirat den Bildungsminister in allen Belangen rund um das Plattdeutsche. Gepflegt wird das plattdeutsche Erbe auch von Trachtengruppen, Heimatvereinen und Heimatmuseen.

Pommersche Küche

Greifswald liegt an der Küste, also gibt es Fisch – aber nicht nur! Auf den Tisch kam und kommt, was die pommersche Landschaft hergibt.

Die Ess- und Trinkkultur des Landstrichs wurde in einer Zeit geprägt, in der die pommersche Welt vor allem aus Bauern- und Gutshöfen bestand und Schlacht- und Erntefeste die Höhepunkte des Jahres darstellten.

Barsch, Zander und Hering landen noch heute fangfrisch auf den Tellern. Pommersche Spezialitäten sind **gebratener Räucheraal** und **gebratene Maischolle.**

In Greifswald wird der **Pflaumenaugust** serviert, ein Matjes mit Pflaumenmus und Apfelschnitten im ofenwarmen Baguette. Ein weiteres traditionelles Gericht ist die **Fliederbeersuppe** mit Klieben, also Mehlklößen.

Einst waren die pommerschen Bauern Selbstversorger. Was sie auf dem Feld anbauten, wurde gegessen, unter anderem Wruken (Steckrüben) und Zuckerrüben. Besonders gut wächst auf dem pommerschen Boden auch die Kartoffel.

Die erfolgreiche Geflügelzucht brachte die berühmte **pommersche Gans** hervor. Zudem prägte Wild aus den weiten Wäldern die deftige Küche. **Rehschinken** oder **Spanferkel mit Steckrübenkraut** sind kulinarische Highlights einer ansonsten eher bodenständigen Küche.

Traditionell räucherten die Bauern ihre Fleischprodukte in der Räucherkammer im eigenen Haus oder in Rauchhäusern, um sie haltbar zu machen. Schmalz, Gemüse und Obst wurden eingeweckt.

Eine weitere Spezialität ist der **pommersche Kaviar,** ein Brotaufstrich, der aus Gänsefett oder Gänseschmalz hergestellt wird. Das Fett wird mit Salz, Thymian, Majoran und geriebener Zwiebel gewürzt und gekühlt. Auf geröstetem Brot schmeckt der pommersche Kaviar einfach sensationell.

Lecker und nur für kurze Zeit erhältlich: gebratene Maischolle

Geschichte

Um 1199
Aus Dargun vertriebene Zisterzienser gründen das Kloster Hilda. Das später *Eldena* genannte Kloster liegt südlich der Ryckmündung.

1209
Rügenfürst Jaromar I. gestattet Kloster Eldena, Kolonisten anzusiedeln. Ihre Siedlung errichten sie dort, wo heute Greifswald liegt.

1248
Erste urkundliche Erwähnung Greifswalds als „oppidum Gripheswald" unter den in einer Urkunde aufgeführten Besitzungen des Klosters Hilda.

1249
Kloster Hilda tritt die Siedlung „Gripheswald" als Lehen an Pommernherzog Wartislaw III. ab.

14. Mai 1250
Pommernherzog Wartislaw III. verleiht Greifswald das Lübische Recht.

1262
Haakon, König von Norwegen, und sein Sohn Erik gewähren den Greifswaldern Handelsfreiheit in ihren Landen.

1270/1274
Barnim I. überlässt den Greifswaldern das Niederlags- und Stapelrecht für Waren. Damit festigt er die Position der Stadt im Ostseehandel.

1280
Der dänische König Erich weist den Greifswalder Kaufleuten einen Platz in Falsterbo im Südwesten Schonens zur Anlage einer Vitte, eines Heringsanlande- und Handelsplatzes, zu.

1283
Der Rostocker Landfrieden wird geschlossen. Beteiligte Parteien sind neben pommerschen und mecklenburgischen Fürsten und Herren auch die Städte Lübeck, Hamburg, Lüneburg, Rostock, Wismar, Stralsund, Anklam, Demmin, Greifswald, Stettin.

1297
Wizlaw II., Fürst zu Rügen, verleiht der Stadt Greifswald das Recht, einen Hafen an der Mündung des Rycks anzulegen.

1310
Schutzbündnis zwischen den Städten Lübeck, Wismar, Rostock, Stralsund und Greifswald, abgeschlossen auf vier Jahre, besonders für die Handel treibenden Bürger.

1310–1363
Blütezeit Greifswalds als Hansestadt. Während dieser Zeit kommen die Abgesandten der Hansestädte nachweislich acht Mal zu Hansetagen in Greifswald zusammen.

1320
Herzog Wartislaw IV. verleiht den Städten Demmin, Anklam und Greifswald das Recht zur freien Schifffahrt auf der Swine und der Peene.

Der dänische König Christoph II. gewährt den Greifswaldern Handels- und Zollfreiheit im dänischen Königreich.

1326–1328
Im Rügenschen Erbfolgekrieg unterstützt die Stadt Greifswald (neben Stralsund, Anklam und Demmin) die Erbansprüche des pommerschen Herzoghauses.

Die Klosterruine von Eldena diente vielen Künstlern als Motiv (Lithografie von 1842)

1347
Kloster Hilda wird erstmals schriftlich als Kloster Eldena erwähnt. Dieser Name wird sich zukünftig durchsetzen.

1354
Als letztes der Greifswalder Stadttore wird das an der Ausfallstraße nach Stralsund gelegene Steinbecker Tor in schriftlichen Quellen erwähnt. Bereits früher werden das Fleischertor (1293/94), das Mühlentor (1301) und das Vettentor (1304) genannt.

1370
Stralsunder Frieden: Der Dänische Reichsrat muss der Hanse freien Handel in Dänemark einräumen. Die Vertreter der Hansestädte, darunter Greifswald, besiegeln diesen Vertrag, der den Höhepunkt hansischer Macht im Ostseeraum darstellt.

1456
Auf Initiative des Greifswalder Bürgermeisters Heinrich Rubenow eröffnet die Universität.

1531
Johann Knipstro hält die erste evangelische Predigt in der Greifswalder Nikolaikirche.

1535
Nachdem die Reformation in Pommern eingeführt wurde, wird Kloster Eldena in ein herzogliches Amt umgewandelt. Der gesamte Grundbesitz fällt an die Herzöge von Pommern.

1627
Kaiserliches Militär besetzt Greifswald. Unter den drückenden Besatzungslasten kommen Handel und Wirtschaft zum Erliegen. Große Teile der Bevölkerung verarmen.

1631
Nachdem der kaiserliche Stadtkommandant Oberst Perusius getötet worden ist, wird die Stadt den Schweden übergeben. Am 17. Juni 1631 zieht der Schwedenkönig Gustav II. Adolf unter dem Jubel der Bevölkerung in Greifswald ein.

1648
Westfälischer Friede: Vorpommern fällt mit Rügen an Schweden (bis 1815).

Ende 16.–Anfang 17. Jh.
Die pommerschen Hansestädte Stralsund, Greifswald, Anklam und Stettin erklären, dass sie aufgrund der nach dem Westfälischen Frieden eingetretenen politischen Veränderungen nicht mehr in der Lage seien, ihre Verbindungen zur Hanse in der bisherigen Form aufrecht zu erhalten.

1678
Im Schwedisch-Brandenburgischen Krieg (1674–1679) kapituliert Greifswald nach heftigem Beschuss vor den Truppen des Großen Kurfürsten.

1681
Ernst Bogislaw von Croÿ, letzter Nachkomme des pommerschen Herzogshauses, vermacht der Universität testamentarisch einen kostbaren Gobelin, den berühmten Croÿ-Teppich.

1711–1713
Im Nordischen Krieg (1700–1720) besetzen sächsische, russische und dänische Truppen Greifswald. 1713 legen fahrlässige Soldaten das Rathaus durch einen Brand in Schutt und Asche.

1712
Der russische Zar Peter I. besucht für ein paar Tage Greifswald.

1736
Teile der Greifswalder Innenstadt fallen einer Feuersbrunst zum Opfer. Erneut wird das nach dem Brand von 1713 fast wiederhergestellte Rathaus beschädigt.

1758/59
Im Siebenjährigen Krieg (1756–1763) besetzen preußische Truppen Greifswald.

1774
Caspar David Friedrich (1774–1840), der bedeutendste Maler der deut-

Marktplatz von Greifswald im 19. Jahrhundert

schen Romantik, wird am 5. September in Greifswald geboren.

1807–1813
Französische Truppen besetzen Greifswald. Zu den drückenden Forderungen der Besatzer kommen die Auswirkungen der 1806 verhängten Kontinentalsperre, wodurch Handel und Schifffahrt erheblich in Mitleidenschaft gezogen werden.

1815
Wiener Kongress: Vorpommern wird preußisch.

Um 1840
In Greifswald siedeln sich eine Maschinenbauanstalt, eine Eisengießerei, eine Papiermühle und eine Essigfabrik an.

1863
Greifswald wird an die Eisenbahnlinie Berlin–Stettin angeschlossen.

1887
Die Wiecker Zugbrücke wird nach holländischem Vorbild gebaut.

1903
Greifswald wird an das Stromnetz angeschlossen.

1936–1938
Der Militärflugplatz in Ladebow wird gebaut. Außerdem entstehen Flak- und Infanteriekasernen.

1945
Greifswald wird kampflos an die Rote Armee übergeben und so vor der Zerstörung gerettet.

1956–1963
Für etwa 2000 Einwohner wird das erste Neubau-Wohngebiet, das Ostseeviertel, errichtet.

1967
Grundsteinlegung für den VEB Nachrichtenelektronik Greifswald. Beginn der Ansiedlung von Großindustrie, die Greifswald zum ökonomischen Zentrum im östlichen Teil des Bezirks Rostock macht.

1968
Die Erschließungsarbeiten für das Kernkraftwerk in der Lubminer Heide beginnen. Der erste Reaktorblock geht 1973 in den Probebetrieb. Seit 1990/91 werden alle fünf betriebenen Reaktorblöcke stufenweise abgeschaltet.

1989
Nach dem Vorbild der Leipziger Montagsdemonstrationen findet am 18. Oktober im Greifswalder Dom der erste Friedensgottesdienst als Protest gegen die Staats- und Parteiführung statt. Am 4. Dezember besetzen oppositionelle Gruppen die Gebäude der SED-Kreisleitung und der Stasi.

2005
Die Stadt (seit 1990 „Hansestadt") führt die offizielle Bezeichnung „Universitäts- und Hansestadt Greifswald".

2010
Die Bürgerschaft von Greifswald beschließt ein Klimaschutzprojekt zur Verringerung des CO2-Ausstoßes.

2015
Grünen-Politiker Dr. Sebastian Fassbinder wird Oberbürgermeister von Greifswald.

2017
Greifswald erhält von der Gemeinschaft der Evangelischen Kirchen in Europa den Ehrentitel *Reformationsstadt Europas*.

Landschaft & Umwelt

Stadt, Land, Fluss, Bodden

Drei Naturschutzgebiete, der Greifswalder Bodden und der Fluss Ryck umgeben die Hansestadt Greifswald. Sie charakterisieren die reizvolle und vielseitige Landschaft. Wasser und Wiesen, Moor und Überflutungsgebiete: Die Region hat eine einzigartige Natur zu bieten.

Naturschutzgebiete der Region

Das **Naturschutzgebiet Eldena** umfasst ein Waldgebiet von 407 Hektar, dessen nordwestlicher Teil auch *Elisenhain* genannt wird. Es steht seit 1961 unter Schutz. Die Landschaft ist wie in der übrigen Umgebung vor allem in der Weichsel-Eiszeit von Gletschern gestaltet worden. Höchste Erhebung ist der **Ebertberg** mit 29,5 Metern. In den zahlreichen Senken des Waldes ermöglichte ein hoher Grundwasserstand, dass sich **Waldsümpfe** und **Erlenbruchwald** ausbildeten. Das ganze Gebiet ist von Entwässerungsgräben durchzogen, die im 19. Jahrhundert angelegt wurden. Im Frühling ist der Waldboden großflächig von **Buschwindröschen** bedeckt. An Baumstümpfen und herabgefallenen Ästen wachsen Baumpilze. Im gesamten Gebiet konnten bisher 352 Pilzarten registriert werden.

Die Gristower Wiek ist eine von mehreren kleinen Buchten am Greifswalder Bodden

Flachwasserzonen, Überflutungsmoore und Windwatte prägen das Landschaftsbild des 1 560 Hektar großen **Naturschutzgebietes Insel Koos, Kooser See und Wampener Riff** nördlich von Greifswald. Die Kooser Wiesen im südlichen Teil zeichnen sich durch ihre Salz-Vegetation aus. Im Überflutungsbereich kommen **Salz-Binse, Strand-Milchkraut, Strand-Dreizack** und **Salzhasenohr** vor. In tiefer gelegenen Gebieten dominieren **Salzschwaden-Rasen.**

Bis 1993 waren die **Karrendorfer Wiesen** durch die Eindeichung und Grabensysteme abgetrennt von der natürlichen Vorflut. Seit der Renaturierung in den 1990er-Jahren wird das Grasland wieder durch Überflutung und Beweidung geprägt. Dadurch entwickelten sich wieder Schilf- und Strandsimsenröhrichte und die typischen Salzweiden. Blühende Strandastern bilden im Spätsommer einen dichten Bewuchs. Hier brüten **Kiebitze, Rotschenkel, Säbelschnäbler** und **Sandregenpfeifer.** Das Gebiet ist während des Vogelzugs wichtiger Rastplatz für Wat- und Wasservogelarten. Das **Wampener Riff** bietet zudem Dutzenden Brutpaaren der **Uferschwalbe** die Möglichkeit zu nisten.

Die **Insel Koos** entstand als Grundmoräne im Rahmen der letzten Eiszeit. Zwischen der Insel und dem Festland gibt es mit der **Beek** einen schmalen Gewässerarm als Verbindung der **Kooser Bucht** zum **Kooser See.** Wenn es im Sommer sehr trocken ist, steigt der Salzgehalt des Sees und der Salzpfannen an und erreicht stellenweise dreißig Promille. Zum Vergleich: Im Boddenwasser sind es nur acht Promille.

Das **Naturschutzgebiet Ladebower Moor** zwei Kilometer nördlich von Greifswald umfasst 131 Hektar und wurde 1997 unter Schutz gestellt. Das Gebiet ist kaum zugänglich, die einzigen Wege führen an den Grünlandflächen im Nordosten entlang.

Das Ladebower Moor ist ein Durchströmungsmoor nördlich des Rycktales, welches aus der nördlich angrenzenden Moräne – dem Wampener Wald – mit Wasser versorgt wird. Die Schwedische Matrikelkarte von 1697 zeigt ein morastiges Weideland. Anfang des 19. Jahrhunderts begann die Gewinnung von Torf, der als Brennstoff für die in Greifswald betriebene Saline und später für eine Ziegelei verwendet wurde.

1993 wurde die Entwässerung eingestellt, zwei Jahre später flutete ein Sturmhochwasser die Moorfläche zu einem großen Teil. Die Torfstiche sind von **Schilfröhrichten** umgeben, in kleineren Freiflächen wachsen **Rundblättriger Sonnentau, Gewöhnliche Natternzunge, Färberscharte** und **Teufelsabbiss.** Die Röhrichtflächen sind Lebensraum für **Rohrsänger-** und **Schwirlarten, Schwarz-** und **Braunkehlchen.** Insgesamt wurden 79 Brutvogelarten registriert, darunter **Wachtelkönig, Tüpfelralle** und **Zitronenstelze.**

Fluss Ryck

Der Ryck ist ein dreißig Kilometer langer Fluss, der südlich von Grimmen entspringt, durch Greifswald fließt und im Vorort Wieck in die Dänische Wiek, eine Bucht im Greifswalder Bodden, mündet. Sein Name leitet sich von dem slawischen Wort *Rjeka* für „Fluss" ab. In Urkunden aus dem 13. Jahrhundert wird er „Reke" und „Hilda" – das war auch der damalige Name des nahe gelegenen Klosters Eldena – genannt. Bereits im Mittelalter war er für Greifswald von großer wirtschaftlicher Bedeutung, obwohl er erst in Höhe des heutigen Museumshafens schiffbar war. Für den Binnenhandel hatte er hingegen nie eine Bedeutung. Durch den Ryck

Die alten Treidelpfade am Ryck werden heute als Rad- und Spazierwege genutzt

Der Greifswalder Bodden wird im Norden von der Insel Rügen begrenzt

hatte Greifswald Verbindung zu den großen Ostseehäfen. Der Fluss hat nur ein geringes Gefälle und deshalb eine geringe Fließgeschwindigkeit.

1847 wurde damit begonnen, den Ryck einzudeichen. Der Wasserstand wird durch eine Schleuse und ein Pumpwerk reguliert. Sein Südufer ist im Verlauf durch Greifswald auf etwa sechs Kilometer Länge bebaut. Auf der Nordseite hingegen erstreckt sich zwischen den spärlich bebauten Ortsteilen Steinbeckervorstadt und Wieck eine weitläufige Wiesenlandschaft, genannt das **Ladebower Loch.**

2016 wurde nach sechs Jahren das moderne **Sturmflutsperrwerk** eingeweiht, das vor Hochwasser schützt.

Greifswalder Bodden

Östlich von Greifswald liegt der gleichnamige Bodden. Er ist eine Bucht der südlichen Ostsee und mit einer Fläche von 514 Quadratkilometern der größte Bodden der **Vorpommerschen Boddenlandschaft** an der Südküste der westlichen Ostsee.

Bodden bezeichnet ein flaches, buchtartiges Küstengewässer, das nach der Eiszeit durch die Überflutung einer Grundmoräne entstand. Der Name stammt wahrscheinlich aus dem Niederdeutschen und bedeutet „Grund" oder „Boden", was sich auf die geringe Tiefe bezieht. Bodden sind charakteristisch für die südliche Ostsee. Sie sind durch langgestreckte (Halb-) Inseln vom offenen Meer abgetrennt und bilden Lagunen.

Die durchschnittliche Wassertiefe des Greifswalder Boddens beträgt 5,6 Meter, an der tiefsten Stelle sind es 13,5 Meter. Das Wasser setzt sich aus dem salzhaltigen Wasser der Ostsee, dem Süßwasser des Flusses Ryck und dem schwach salzigen Wasser des Peenestroms zusammen und wird als **Brackwasser** bezeichnet.

Der Greifswalder Bodden ist Bestandteil des europäischen Schutzgebietsnetzes **Natura 2000.** Um dennoch Wassersport zu ermöglichen, haben Naturschützer, Wasser-

In der gewässerreichen Region des Greifswalder Boddens brütet der Seeadler

sport- und Anglervereine sowie die Behörden freiwillige Vereinbarungen zur Nutzung des Gebietes getroffen. Für weite Küstenabschnitte besteht ein Fahr- und Anlegeverbot. Denn der Greifswalder Bodden ist für den jährlichen Vogelzug von großer Bedeutung. Tausende **Watvögel, Enten, Schwäne** und **Gänse** machen hier einen Zwischenstopp auf dem Weg in ihre Überwinterungs- oder Brutgebiete. Zahlreiche andere Tiere leben an und im Wasser, wie etwa **Fischotter, Biber** oder **Kormorane.**

Naturpark Flusslandschaft Peenetal

Großen Freizeitwert hat der *Naturpark Flusslandschaft Peenetal* (▸ Seite 99) südlich von Greifswald – die einzigartige Landschaft ist in der Pommerschen Weichsel-Eiszeit entstanden. Der nach der Wende geschaffene *Naturpark Flusslandschaft Peenetal* verbindet den *Naturpark Insel Usedom* im Osten mit dem *Naturpark Mecklenburgische Schweiz und Kummerower See* im Westen.

Der „Amazonas des Nordens", die Peene, ist ein Geheimtipp für Wassertouristen, die bei Boots- oder Kanufahrten die unberührte Natur genießen und viele vom Aussterben bedrohte Tier- und Pflanzenarten beobachten können. **Fischotter, Biber, Bekassine, See-** und **Schreiadler,** aber auch **Trollblumen, Mehlprimel** und verschiedene **Orchideenarten** sind nur einige davon.

Eine schöne Tour mit dem Fahrrad ist der **Peenetal-Rundweg.** Auf 132 Kilometern führt die Route durch Wiesen, Felder, Auen, Bruchwälder und zu verträumten Dörfern (▸ Seite 101).

2010 wurde das touristische Netzwerk *Abenteuer Flusslandschaft,* das die Angebote verschiedener touristischer Unternehmen im Peenetal koordiniert, mit dem *EDEN-Award* ausgezeichnet. Der europäische Preis wird für nachhaltigen und naturverträglichen Tourismus vergeben.

Kegelrobben – Akrobaten des Meeres

2004 wurde erstmals wieder eine Kegelrobbe im Greifswalder Bodden gesichtet – nach mehr als hundert Jahren. Im Frühjahr 2015 wurden bereits 75 Robben gezählt, sehr zur Freude von Umweltschützern und Touristen, die mit dem Schiff zu Beobachtungsfahrten hinausfahren können.

Lange waren Robben im Greifswalder Bodden beheimatet, daran erinnern topografische Begriffe wie Saalsteine oder Saalsufer, denn „Saal" heißt auf Plattdeutsch die Robbe.

Zu Beginn des vergangenen Jahrhunderts lebten an der gesamten Ostseeküste mehr als 100 000 Kegelrobben. Die Menschen sahen sie als Konkurrenten bei der Fischjagd und rotteten sie deshalb gezielt aus, Schadstoffe im Meer dezimierten die Ostseepopulation zusätzlich.

Inzwischen haben sich durch Jagdverbot und den Rückgang von Umweltgiften die Bestände erholt. Im Greifswalder Bodden können sie mittlerweile wieder ganzjährig beobachtet werden. Im März, wenn der Hering durchzieht, sind besonders viele Exemplare zu sehen. Sie können bis zu 2,20 Meter lang werden und sind die größten Raubtiere, die im Bodden leben. Im *Biosphärenreservat Südost-Rügen* dokumentieren Ranger Robbensichtungen und erarbeiten Schutzkonzepte.

Feriengäste werden angehalten, sich von Robben fernzuhalten, falls sie am Strand anlanden – denn die Tiere brauchen viel Ruhe und wollen oft nach einer langen Schwimmtour von bis zu hundert Kilometern nur eines: schlafen.

Feste & Veranstaltungen

Greifswald

März/April
Literaturfrühling
Das Literaturzentrum Vorpommern im Koeppenhaus und der freiraum-verlag laden Gegenwartsautoren ein.
www.koeppenhaus.de

Mai
Nordischer Klang
Musik, Bühnenkunst, Ausstellungen, Lesungen, Filme, Kinderprogramm und Vorträge aus den fünf Nordischen Ländern, aber auch aus den übrigen Ostsee-Anrainerstaaten.
www.nordischerklang.de

Alle zwei Jahre im Sommer
International Students Festival
Bis zu 150 Studenten aus ganz Europa treffen sich zu Workshops mit verschiedenen Themen.
www.gristuf.de

Juni/Juli
AHOI Mein Hafenfestival
Theater, Tanz und Musik auf der Sommerbühne am Museumshafen und vor der Klosterruine Eldena.
www.theater-vorpommern.de

21. Juni
Fête de la Musique
Das bunte Fest der Musik findet weltweit in Dutzenden Städten am längsten Tag des Jahres statt – umsonst und draußen.
www.fete-greifswald.de

Juni
Wolfgang-Koeppen-Tage
Rund um den Geburtstag des Autors am 23. Juni beleuchten die Koeppen-Tage Aspekte aus dem Leben und Werk des Autors.

2. Augustwochenende
Motorrad-Gottesdienst
Hunderte Motorradfahrer feiern mit Biker-Pastoren der Nordkirche und musikalischem Rahmenprogramm auf dem Marktplatz.
www.bikershelpline.de

Letztes Augustwochenende
Ein Tag mit Caspar David Friedrich
Zeitreise für Besucher mit buntem Jahrmarkttreiben, Karussells, Musik und Kunsthandwerk.

August/September
Opernale
Mobiles Opernfestival an wechselnden Orten wie Schlössern, Wohnzimmern oder Heuböden.
www.opernale.de

Mitte September
Kulturnacht
Dutzende Einrichtungen, Vereine und Gastronomen bieten Veranstaltungen an – darunter Lesungen, „singende Balkone", Führungen und Vorträge.

November
PolenmARkT
Das mehrtägige Festival ist der polnischen Kultur gewidmet und bietet vielfältige kulturelle Veranstaltungen wie Ausstellungen, Theater, Jazzkonzerte, Lesungen oder Partys an.
www.polenmarkt-festival.de

November/Dezember
Weihnachtsmarkt
Höhepunkte sind die Ankunft des Weihnachtsmannes auf einem Segelschiff, der Lampionumzug, das Foyersingen sowie der Kunsthandwerker-Markt im Gewölbekeller.

Eldena

Juni

Eldenaer Klostermarkt

Regionales, traditionelles und modernes Kunst- und Schauhandwerk, Live-Musik und Kindertheater in der Klosterscheune und im Park.

Anfang Juli

via Tipp *Jazz-Evenings*

Musikalische Untermalung in den alten Klosterruinen.

Wieck

3. Wochenende im Juli

via Tipp *Gaffelrigg*

Das Fischerfest ist das größte maritime Volksfest der Region Vorpommern. Traditionsschiffe gehen auf große Fahrt, Wassersportler betreiben Boddenschwimmen, Ryckhangler tragen die Weltmeisterschaft am Seil aus. Höhepunkt ist ein Höhenfeuerwerk.

Lubmin

3. Septemberwochenende

Walking-Day

Große Walking-Veranstaltung, bei der unterschiedliche Strecken durch den Lubminer Küstenwald führen.

August

Sandburgen-Wettbewerb

Wettkampf um die schönste Sandburg und -skulptur. Am Strand entstehen echte Hingucker.

Ende Juli

Sommerfest

Ein Kinderprogramm mit Hüpfburg und Kinderschminken, ein Volkschor und der „Sonnenbringer", der Glückssteine verteilt, sorgen für eine gelungene Party.

1. Advent

Adventsmarkt

Stände mit Kunsthandwerk und gastronomischen Angeboten.

Beim Fischerfest „Gaffelrigg" hangeln sich Wagemutige an einem Seil über den Ryck

Blick von der historischen Klappbrücke auf den Hafen von Wieck
▸ Seite 72

Reisepraktisches

Klima & Reisezeit

Das Klima in Greifswald ist von kontinentalen und maritimen Einflüssen geprägt. Es gilt als gemäßigt und warm, aber fast immer weht ein mehr oder weniger starker Wind. Häufig setzen gerade in den Sommermonaten Seewinde ein. Sie bringen dann kühlere Luft vom Greifswalder Bodden in die Stadt.

Das Wetter in Greifswald und der Umgebung ist in ein und derselben Jahreszeit recht unterschiedlich. Auch im Sommer ist damit zu rechnen, dass plötzlich Regenwolken aufziehen. Ein Schirm, ein warmer Pulli und Sonnencreme gehören zu jeder Jahreszeit ins Gepäck, um für eine starke Brise und einen Regenschauer ebenso wie für kräftige Sonneneinstrahlung gerüstet zu sein.

Trockenster Monat ist der Februar, der meiste Regen fällt im Juli. Die Temperaturen erreichen im Juli und August ihren Höhepunkt. Die Durchschnittstemperatur liegt im Juli bei 17 °C, jedoch zeigt das Thermometer an einzelnen Tagen bis zu 30 °C an. Am kältesten ist der Januar mit einem Mittel von -0,2 °C.

Die meisten Sonnenstunden gibt es im Mai und Juni, nämlich im Durchschnitt acht Stunden pro Tag. Sie bieten sich deshalb als Reisezeit hervorragend an. Im Dezember, Januar und Februar lässt sich die Sonne dagegen kaum einmal blicken. Im Winter gehört übrigens der Greifswalder Bodden zu den Gewässerteilen der Ostsee, die als erstes zufrieren.

Klima-Experten warnen davor, dass der Klimawandel auch Folgen für Vorpommern haben könnte – dann würden die Sommer heißer und trockener, die Winter wärmer und nasser werden und durch Überflutungen und Stürme große Schäden entstehen.

Ankommen

Mit dem Auto

Von Berlin aus sind es etwa 230 Kilometer bis Greifswald. Man fährt auf der A 11 bis zum Kreuz Uckermark. Dort wechselt man auf die A 20 Richtung Prenzlau, Stralsund, Lübeck. An der Ausfahrt Gützkow geht es kurzzeitig auf die B 111 und schließlich links ab auf die L 35 Richtung Norden.

Klimatabelle Greifswald

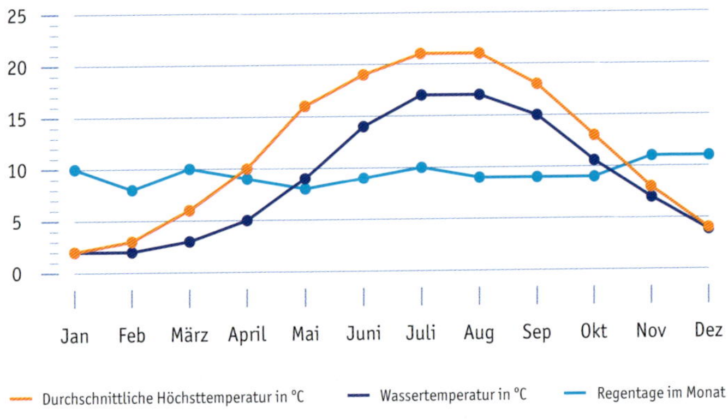

Malerischer Weg in Richtung Hohendorf bei Wolgast

Von Hamburg aus liegt die Entfernung bei etwa 265 Kilometern. Man fährt auf der A1 Richtung Lübeck. Am Kreuz Lübeck geht es auf die A20 Richtung Rostock ab. Nach 200 Kilometern geht es an der Abfahrt Grimmen-Ost auf die B109 bis Greifswald.

Von Ueckermünde sind es etwa 72 Kilometer nach Greifswald. Man folgt der Landstraße nach Ducherow. Dort biegt man auf die B109 nach Anklam ab und fährt weiter bis Greifswald.

Mit der Bahn

Greifswald ist gut ans Bahnnetz angebunden. Von Berlin-Hauptbahnhof besteht alle zwei Stunden eine Direktverbindung mit dem RE. Die Fahrzeit beträgt knapp drei Stunden. Etwas schneller geht es mit dem ICE, dann dauert die Reise etwa 2,5 Stunden.

Von Hamburg aus fährt man mit dem IC nach Stralsund und dann weiter mit dem Regionalexpress oder der Regionalbahn. Die Züge ab Stralsund fahren circa zweimal stündlich (Dauer 3,5 bis vier Stunden).

Mit dem Bus

FlixBus bietet mehrmals täglich Fahrten zwischen Greifswald und Berlin an (Fahrtzeit ca. vier Stunden). Von Hamburg kann man ebenfalls mit *FlixBus* fahren. Auch Fernbusse der *Usedomer Bäderbahn (UBB)* halten auf ihrem Weg von Hamburg nach Usedom in Greifswald. Alle Fernbusse fahren am zentralen Busbahnhof vor dem Hauptbahnhof ab.

Mit dem Schiff

Der südwestliche Zipfel des Greifswalder Boddens geht in die Dänische Wiek über. Im Fischerort Wieck befindet sich die Einfahrt zum Stadthafen Greifswald. Auf dem Ryck und unter der historischen Holzklappbrücke geht es landeinwärts bis zum zentral gelegenen Hafen.

Verleihstation von „UsedomRad" in Greifswald

Unterwegs am Greifswalder Bodden

Mit dem Auto

Mit dem Auto durch Greifswald zu fahren, ist problemlos möglich. Das Fahrzeug kostenlos abzustellen, ist schwieriger. Im Zentrum gibt es eine kostenpflichtige Parkraumbewirtschaftung. Wer hier parken will, muss also zahlen. Dafür findet sich immer ein Parkplatz am Straßenrand oder im *Parkhaus am Markt* nahe dem Pomerschen Landesmuseum sowie im Parkhaus der Dompassage.

Mit dem Rad & zu Fuß

Günstiger kommt davon, wer mit dem Rad unterwegs ist. Das Radwegenetz ist in Greifswald sehr gut ausgebaut. 2015 wurde Greifswald sogar vom *ADFC* als fahrradfreundlichste Stadt in Mecklenburg-Vorpommern ausgezeichnet. Wen wundert es da, dass der Drahtesel als Hauptverkehrsmittel in der Uni-Stadt gilt? Eine Fahrradstraße führt übrigens vom Campus direkt bis zum Hauptgebäude in der Innenstadt, so verirrt sich auch ein fleißiger Neu-Student nicht.

Mit dem Fahrrad lässt sich auch das Umland prima erkunden. Greifswald liegt an der Route des **Ostseeküstenradwegs,** der zwischen Flensburg und der Insel Usedom an den Küsten Schleswig-Holsteins und Mecklenburg-Vorpommerns verläuft.

Wer nicht mit einem eigenen Fahrrad anreist, kann den Service der Mietradstationen nutzen. Besonders bequem ist das Verleihsystem von *UsedomRad,* das auch in Greifswald mehrere Stationen hat. An diesen Verleihstationen können zu jeder beliebigen Zeit Fahrräder per Handy geliehen und wieder zurückgegeben werden. Eine Kreditkarte ist dabei erforderlich.

Mit dem Stadtbus

Für weitere Wege stehen die vier Buslinien des Stadtbusverkehrs zur Verfügung. Sie fahren in einer Taktung von 15 bis 30 Minuten. Alle Buslinien halten am ZOB. Linie 2 verbindet die Greifswalder Innenstadt mit den Vororten Wieck und Eldena (Fahrtzeit circa 20 Min.).

Übernachten

In und um Greifswald gibt es zahlreiche Übernachtungsmöglichkeiten für jeden Geldbeutel.

Auch in den Sommermonaten können Spontan-Urlauber noch schöne Zimmer buchen, zu oftmals moderaten Preisen.

Zahlreiche Unterkunftsmöglichkeiten stehen auch im Seebad Lubmin zur Verfügung. Hier empfiehlt sich in der Saison eine frühzeitigere Entscheidung, aber kurzfristig finden Besucher auch hier noch ein schönes Zimmer. Das Preisniveau in Lubmin ist zudem deutlich niedriger als in den Ostseebädern auf Usedom oder Rügen.

Noch günstiger sind Hotels und Pensionen im Hinterland wie im Städtchen Grimmen oder in Kemnitz.

Preissymbole

Unser Preissystem für empfehlenswerte **Hotel-/Ferienzimmer und Ferienwohnungen** (günstigste Wohnung/Doppelzimmer für zwei Personen pro Nacht in der Hauptsaison):

€ = preiswert (bis 60 Euro)
€€ = mittel (bis 120 Euro)
€€€ = exklusiv (über 120 Euro)

Die moderne Marina von Greifswald bietet Platz für 250 Segelschiffe

Medientipps

Presse

Über Greifswald und Umgebung berichten die **Ostsee-Zeitung** sowie der **Nordkurier.**

Monatlich erscheint das Magazin **Vorpommern,** das über Veranstaltungen und touristische Attraktionen informiert. Auch online unter: www.vopo.tv

Internet

Die Website **www.greifswald.de** informiert ausführlich über Geschichte und Gegenwart, Kulturelles, Sport, die Uni und Immobilienangebote.

Die **App Greifswald** fürs Smartphone gibt einen umfassenden Überblick über Sehenswertes, Gastronomie, Übernachtungen und Ausflugstipps.

Buchtipps

Horst Langer (Hrsg.)
Sibylla Schwarz.
Gesang wider den Neid
(Karl-Lappe-Verlag 2013)
Gedichtsammlung der Greifswalder Barockdichterin, die schon im Alter von 17 Jahren verstarb. Sie hinterließ Werke, deren poetische Ausdruckskraft noch heute spürbar ist.

Uwe Niebergall/Bärbel Nülken
Alltagsleben in Greifswald
(Sutton-Verlag 2002)
Etwa 250 Fotos und Ansichtskarten dokumentieren das Leben der Greifswalder über einen Zeitraum von fast hundert Jahren.

Rainer Höll (Hrsg.)
Erlebnis Peene: Zwischen Malchiner See und Greifswalder Bodden
(nordlicht verlag 2017)
Das Peenetal ist als einziges unverbautes Flusstal in Deutschland von einer einzigartigen Schönheit. Der großformatige Bildband folgt dem Flusslauf der Peene, ihren Quellflüssen und dem Peenestrom und präsentiert die Region in beeindruckenden Fotografien.

Kristian u. Klaus-Dieter Salewski
Typisch Vorpommern.
Plaudereien über das Land am Meer
(Karl-Lappe-Verlag 2013)
Mit viel Witz, Ironie und Zeichnungen wird von den Eigenheiten der Bewohner Vorpommerns berichtet.

Thomas Grundner/Bernd Siegmund
Vorpommern. Deutschlands Sonnendeck
(Hinstorff Verlag 2011)
Von Greifswald, Grimmen, Stralsund, Anklam und Pasewalk über kleinen Dörfer bis zu den Inseln Usedom Rügen und Hiddensee – der Bildband zeigt Vorpommern von seiner Schokoladenseite.

Horst Wernicke/Thomas Grundner
Greifswald
(Hinstorff Verlag 2006)
Der Autor Horste Wernicke stellt in dem 80 Seiten starken Bildband Greifswald in all seinen Facetten vor. Passend dazu fängt Fotograf Thomas Grundner in seinen Fotos die Atmosphäre der Stadt ein.

Emma Wittenstein
Der Teufel vom Ryck
(Verlag Hinstorff 2015)
Historischer Krimi, der Ende des 15. Jahrhunderts spielt und den Leser in das Universitätsmilieu in Greifswald eintauchen lässt, in ein tödliches Konfliktfeld zwischen Pfuschern und Professoren, zwischen Fortschritt und Tradition.

Sport & Aktivitäten

Der Greifswalder Bodden bietet Wassersportlern jede Menge Möglichkeiten: **Wind-** und **Kitesurfer** kommen hier voll auf ihre Kosten. Besonders beliebt sind bei ihnen die Ferienorte Gahlkow und Loissin (▸ Seite 79). Auch bei **Seglern** ist der Greifswalder Bodden als erstklassiges Wassersportrevier bekannt. Maritimes Flair bieten die Marinas von Lubmin und Kröslin.

Die weite Tier- und Pflanzenwelt lässt sich auch gut vom **Kanu** aus entdecken. Führerscheinfreie Angelboote können Interessierte in Stahlbrode leihen und die Angelberechtigungen gleich dazu erwerben.

Auf gut ausgebauten **Rad-** und **Wandertouren** können Urlauber das ländliche Gebiet rund um Greifswald erobern – entweder entlang der Küste oder durch Feld und Wald. In der dünn besiedelten Region Vorpommerns lässt es sich entspannt stundenlang radeln oder wandern, ohne eine einzige Straße zu passieren. Viele schätzen die Abgeschiedenheit und Natürlichkeit der Landschaft. Kulturell bedeutende Städte wie Wolgast oder Grimmen laden zu Spaziergängen vorbei an beeindruckenden historischen Bauwerken ein. Rund um Lubmin, entlang des Strandes und im Küstenwald gibt es gut ausgeschilderte Wander- und **Walkingstrecken.** Ein traditioneller Höhepunkt ist übrigens der jährliche *Walking-Day* (▸ Seite 31).

Auch hoch zu Pferd oder bei einer gemütlichen **Kutschfahrt** geht es durch die ausgedehnten Waldgebiete an den Strand. In Lubmin können Kinder **Ponyreiten** oder **voltigieren** lernen. Außerdem werden Fahrten mit dem Planwagen durch die vorpommersche Boddenlandschaft angeboten (▸ Seite 85).

Und wer am Ende des Tages Erholung braucht, mietet sich ganz einfach in Lubmin einen Strandkorb und schaut, wie die Sonne untergeht.

Mit dem Kanu kann man den Greifswalder Bodden auf eigene Faust erkunden

Wellness

Bereits dem Seeklima von Lubmin wird eine heilende Wirkung bei chronischen Erkrankungen der Atemwege und Hautkrankheiten zugeschrieben. Wem das nicht genügt, für den gibt es weitere Möglichkeiten: Im Seebad setzen vor allem Hotels auf vielfältige Wellness-Angebote. Im Wellness-Studio *Auszeit* im *Hotel am Park* in Lubmin (▸ Seite 84) kann man zum Beispiel aus einer breiten Palette an Anwendungen wählen – von Gesichts- und Ganzkörperbehandlungen bis zur Aromaöl-Massage.

In Greifswald bieten sowohl Hotels als auch kleinere Wellness- und Kosmetikstudios ihre Dienste an. Im Kosmetik- und Wellnessstudio *Meeresbrise* in Greifswald verspricht eine 90-minütige Sauerstoffbehandlung eine straffere Haut. Im *Sinus Gesundheitssport und Wellnesszentrum* sorgen eine Finnsauna, ein Dampfbad und Solarien für Entspannung (▸ Seite 69).

Eine Salzkugelmassage im Wellnessstudio *La Orchidee* in Wieck soll den Stoffwechsel anregen und die Haut samtig weich machen.

Spaß und Action für die ganze Familie gibt es im beliebten **Freizeitbad Greifswald** (▸ Seite 69). Kleine Kinder planschen im Kinderbecken, ältere vergnügen sich im Spaßbecken mit Strömungskanal, auf Sprungbrettern und auf der Wasserrutsche. Für Entspannungsmomente bei den Eltern dienen Massagen und eine Sauna.

Insgesamt ist das Wellness-Angebot am Greifswalder Bodden noch nicht so weit entwickelt wie auf der Insel Usedom, die als Vorreiter im Wellness-Tourismus an der Ostsee gilt. Wer gern einen luxuriösen Wellnesstag einlegen möchte, ist deshalb in der **Bernsteintherme** in Zinnowitz gut aufgehoben. Sie ist von Greifswald mit dem Zug in einer Stunde zu erreichen. Der Komplex besteht aus einem großen Meerwasserbecken, Kinderbecken, Thermalbad, orientalischen Bädern und einer Sauna.

Wer Lust auf Wellness hat, findet rund um Greifswald etliche Angebote

Meer in Sicht – Strandzugang vom Seebad Lubmin

Die schönsten Strände

Naturbelassene, kleinere Sandstrände charakterisieren die Region um den Greifswalder Bodden. Wegen seines großen Flachwasserbereichs ist der Bodden besonders für Familien mit Kindern ideal.

Sehr beliebt und schnell von Greifswald aus erreicht ist das **Strandbad Eldena** (▸ Seite 77). Der gepflegte, breite Strand schmiegt sich sichelförmig in eine Ausbuchtung unterhalb der Ryckmündung. Es gibt Strandkörbe, einen Kiosk und einen FKK-Bereich. Das Wasser wird von Rettungsschwimmern überwacht.

Einen tollen Fernblick auf die Silhouette von Greifswald genießt man vom **Strandbad Ludwigsburg** auf der gegenüberliegenden Seite der Dänischen Wiek. Hier erstreckt sich ein schmaler, aber langgezogener Sandstrand. Der dahinterliegende Küstenwald bietet Schattenplätze. Wer hungrig ist, kehrt ins Restaurant *Boddenblick* (▸ Seite 79) ein.

Im Anschluss an den Strand von Ludwigsburg beginnt der schmale **Strand von Loissin,** der bei Surfern beliebt ist. Gleich im Anschluss erstreckt sich der weitläufige **Naturstrand von Gahlkow.** Beide Strände (▸ Seite 79) sind etwas grobkörniger und stellenweise von Gräsern bewachsen. Hier und da liegen Steine im Wasser, Vorsicht beim Einstieg ist ratsam.

Gleich im Anschluss beginnt der schönste Strand der Region. Er gehört zum **Seebad Lubmin** (▸ Seite 80). Abseits vom Trubel der Ostseebäder auf der nahen Insel Usedom, aber ähnlich mondän genießen Badegäste einen fünf Kilometer langen, feinkörnigen Sandstrand. Wem die Sonne zu heiß ist, der mietet sich einen Strandkorb. Für Hundebesitzer und FKK-Anhänger gibt es eigene Bereiche.

Besonders kinderfreundlich ist der **Strand von Freest** noch etwas weiter östlich (▸ Seite 86). Hier gibt es kaum Wellengang und Strömung. Der schöne, helle Sandstrand ist nur 200 Meter lang, aber dafür recht breit.

Mit Kindern

Greifswald und die Umgebung halten für Kinder zahlreiche Attraktionen bereit. Ein Altstadtbummel wird auch für kleine Beine nicht zu anstrengend, denn die Sehenswürdigkeiten liegen dicht beieinander. Für jüngere Kinder gibt es am **Museumshafen** (▸ Seite 60) viel zu gucken, ältere finden die interaktive Ausstellung zur Geschichte unserer Erde im **Pommerschen Landesmuseum** spannend (▸ Seite 63). Ein Favorit bei schönem Wetter ist der **Heimattierpark Greifswald** am westlichen Rand der Altstadt (▸ Seite 71), in dem über 100 Tierarten leben. Exotische Pflanzen und schöne Spazierwege durch die Grünanlage und zum Seerosenteich machen den **Botanischen Garten** zu einem reizvollen Ausflugsziel (▸ Seite 70). Bei schlechtem Wetter lädt am südlichen Stadtrand der **Indoor-Spielplatz kunti-bunt** (▸ Seite 71) mit Klettergerüsten, Trampolinen, Hüpfburgen und Rutschen zum Toben ein.

Nordwestlich von Greifswald erstreckt sich der **Naturerlebnispark Gristow.** Lehrpfade bringen Kindern die heimische Natur näher und im Streichelgehege darf man mit Bauernhoftieren auf Tuchfühlung gehen (▸ Seite 92).

Ein weiterer **Tierpark** befindet sich knapp 30 Kilometer westlich von Greifswald in Wolgast. Mit Kindern ist der Besuch der Zooschule interessant, die zum Mitmachen einlädt.

Nicht entgehen lassen sollten sich Familien eine Fahrt über den Greifswalder Bodden mit dem **Ausflugsschiff** (▸ Seite 71 und 88). Während der Tour erhalten die Passagiere Informationen über die Region, die Kegelrobben und das Gewässer.

Ein lohnendes Ziel für einen Tagesausflug mit Kindern ist Peenemünde auf Usedom. Bereits die Überfahrt mit der Fähre macht Spaß. Dort warten das **Historisch-technische Museum** (▸ Seite 88) und das Experimentiermuseum **Phänomenta** auf Besucher (▸ Seite 88).

Die flach abfallenden Strände sind für Kinder bestens geeignet

Wissenswertes von A–Z

Apotheken
In Greifswald gibt es zahlreiche Apotheken, vier davon sind in der Altstadt. Eine weitere Apotheke liegt in der Waldstraße in Lubmin.

Ärztliche Versorgung
Ärztlicher Bereitschaftsdienst:
116 117

Zentrale Notaufnahme im Universitätsklinikum
Ferdinand-Sauerbruch-Str. |
17475 Greifswald |
Tel. (0 38 34) 8 62 25 00

Geldautomaten
Greifswald hat sechs Banken mit Geldautomaten in der Altstadt, vier davon nahe dem Marktplatz. Jeweils eine weitere Bank befindet sich in Eldena und Lubmin. In den Dörfern sucht man sie vergeblich und die Gastronomen akzeptieren dort oft nur Bargeld. Darum sollte man sich zuvor mit genügend Bargeld eindecken.

Kurbeitrag
Im Seebad Lubmin fällt vom 1. Mai bis 30. September eine Kurtaxe von 1,50 Euro pro Tag und Gast (0,80 Euro für Kinder und Jugendliche bis 18 Jahre) an. Die Abgabe ist in der Kurverwaltung oder beim Vermieter zu entrichten.

Notfallnummern
Polizei: 110
Feuerwehr/Rettungsdienst: 112
Pannennotruf des ADAC:
(0 18 02) 22 22 22
Giftnotruf: (03 61) 73 07 30

Nützliche Adressen
Tourismusverband Vorpommern
Die Website informiert über Veranstaltungen, Unterkünfte und ermöglicht Onlinebuchungen.
Fischstr. 11 | 17489 Greifswald |
Tel. (0 38 34) 89 11 89 |
www.vorpommern.de

Greifswald-Information
Info- und Kartenmaterial, Vermittlung von Unterkünften, Veranstaltungstickets und Buchung von Stadtführungen (▸ Seite 64).
Im Rathaus (Markt) |
17489 Greifswald |
Tel. (0 38 34) 85 36 13 80

Kurverwaltung Lubmin
Unterkünfte, aktuelle Infos und Buchungsmöglichkeiten werden auf der Website angeboten.
Freester Str. 8 | 17509 Lubmin |
Tel. (03 83 54) 2 20 11 |
www.lubmin.de

Parken
In der Innenstadt von Greifswald sind die Parkplätze kostenpflichtig. Am Markt und in der Dompassage gibt es Parkhäuser mit unterschiedlichen Tarifen.

Tanken
In Greifswald befinden sich zahlreiche Tankstellen, die alle außerhalb der Altstadt liegen. In Brünzow, einem Dorf nahe Loissin, ist eine weitere Tankstelle ansässig. Es empfiehlt sich, rechtzeitig zu tanken, denn die Wege auf den Landstraßen können sich bisweilen länger ziehen als gedacht.

Das romantische Ortsbild von Gristow wird von Fachwerkhäusern geprägt ▸ Seite 92

Orte & Landschaften

Greifswald

Greifswald begeistert mit einer quirligen Altstadt, Sehenswürdigkeiten aus allen Stilepochen und einem Museumshafen, der mit seinen historischen Schiffen maritimes Flair verströmt. Ein weiteres Highlight ist die berühmte Klosterruine im Vorort Eldena.

Entdeckungen an jeder Ecke

Schon von Weitem wird der Blick auf die Stadtsilhouette von den drei Backsteinkirchen geprägt, die von den Einheimischen liebevoll „dicke Marie", „langer Nikolaus" und „kleiner Jacob" genannt werden. Sie sind Stellvertreter der europäischen Backsteingotik, die in Greifswald zu Hause ist und in der Innenstadt mehrere beeindruckende Architekturjuwele hervorgebracht hat.

Um sich einen guten Überblick über Greifswald zu verschaffen, ist ein **Stadtspaziergang** zu den wichtigen Sehenswürdigkeiten genau das Richtige (▸ Seite 52). Wer danach tiefer in die Kultur der Region eintauchen möchte, besucht das **Pommersche Landesmuseum** (▸ Seite 63) oder wandelt auf dem **Caspar-David-Friedrich-Bildweg** (▸ Seite 70), der die Spuren des berühmtesten Sohnes der Stadt (▸ Seite 16) nachzeichnet.

Unterwegs finden sich immer wieder gemütliche Cafés und Restaurants zum Rasten. Bei gutem Wetter locken die Stühle der Außenterrassen: In Greifswald hält man sich gern an öffentlichen Plätzen auf. Ihre lebendigen Straßenszenen machen die Stadt so liebenswert.

Ein schönes Ausflugsziel im Sommer sind der 1763 errichtete **Botanische Garten** (▸ Seite 70) und, vor allem für Familien mit Kindern, der großzügig angelegte **Heimattierpark** (▸ Seite 71).

Mit dem Rad oder zu Fuß?

Viele Gäste machen es wie die Einheimischen und radeln mit einem Leihrad am Ryck entlang vom Museumshafen bis zum denkmalgeschützten Vorort Wieck. Übrigens macht Greifswald der Stadt Münster den inoffiziellen Titel „Fahrradhauptstadt" streitig. Laut Umfrage nutzen 44 Prozent der Bürger täglich ihr Rad. Kein Wunder – in Greifswald ist das Radwegenetz gut ausgebaut. Das Gebiet rund um Greifswald ist zudem flach und bestens geeignet zum Radwandern.

Im Umland von Greifswald kann man auf dem **Baltisch-Westfälischen Jakobsweg**, dem **Hanseatenweg** und auf dem **Fernwanderweg E9** wandern. Natur pur und einsame Stille erlebt man bei einem Spaziergang in den Karrendorfer Wiesen (▸ Seite 91).

Steckbrief: Greifswald

Gründung: 1248 erstmalige urkundliche Erwähnung
Verwaltung: Kreisstadt des Landkreises Vorpommern-Greifswald
Einwohner: ca. 60 000
PLZ: 17489
Vorwahl: 0 38 34
Fläche: 50,5 km^2
Geografische Lage: In Vorpommern zwischen den Inseln Rügen und Usedom an der Mündung des Flusses Ryck in die Dänische Wiek. Zu Greifswald gehören auch die Inseln Koos und Riems sowie ein Teil des Riems gegenüber liegenden Festlandes.
Wirtschaft: Universität (mit 6 000 Beschäftigten größter Arbeitgeber), maritime Wirtschaft, Werft *Hanse Yachts*, Tourismus

◂ Das denkmalgeschützte Giebelhaus am Markt mit der Hausnummer 11 war einst im Besitz des Greifswalder Bürgermeisters Heinrich Rubenow

Deutschlands jüngste Stadt

Seit 2005 trägt Greifswald den offiziellen Namen „Universitäts- und Hansestadt", der sowohl auf historische Wurzeln verweist als auch auf die heutige Identität. Denn die Hochschule prägt das Stadtbild, das Lebensgefühl, den Wirtschaftsstandort und das kulturelle Leben.

Mehr als 150 Professorinnen und Professoren lehren und forschen an fünf Fakultäten. Bedeutende Forschungseinrichtungen wie das Friedrich-Loeffler-Institut, das Bundesforschungsinstitut für Tiergesundheit und das Max-Planck-Institut für Plasmaphysik haben hier ihre Standorte.

Knapp 11 000 Studierende machen etwa zwanzig Prozent der Bevölkerung aus. In einer Studie von 2008 war Greifswald die „jüngste" Stadt Deutschlands mit dem höchsten Anteil an Haushalten mit Menschen unter dreißig Jahren.

Die Hansestadt liegt im Trend: Als eine der wenigen Städte im Nordosten Deutschlands hatte Greifswald in den vergangenen Jahren einen Bevölkerungszuwachs zu verzeichnen. Im vergangenen Jahrzehnt erhöhte sich die Einwohnerzahl um rund 5 000. Nach Rostock, Schwerin, Neubrandenburg und Stralsund ist Greifswald die fünftgrößte Stadt in Mecklenburg-Vorpommern.

Das Denkmal auf dem Rubenowplatz erinnert an den Gründer der Universität

Greifswald mit dem früheren Franziskanerkloster, 1552

Geschichte erzählt

Greifswald blickt auf eine mehr als 800-jährige wechselvolle Geschichte zurück. Prägend für die Entwicklung der Stadt waren der Hansebund sowie die Gründung der Universität.

Den Grundstein der Stadt legen die Zisterziensermönche, indem sie das **Kloster Hilda** (später Kloster Eldena) gründen. Sie siedeln sich um 1199 an und bauen in der ersten Hälfte des 13. Jahrhunderts ihre Klosteranlage auf. Zeitgleich beginnen sie, deutsche, slawische und dänische Kolonisten anzusiedeln. Der Legende nach lassen sich die neuen Siedler genau dort nieder, wo die Mönche im Dickicht des Waldes einen vierfüßigen Greif mit doppeltem Schwanz brüten sahen. 1241 erhält das Kloster vom rügenschen Fürsten Wizlaw I. das Marktrecht. Neun Jahre später bekommt Greifswald das **Lübische Stadtrecht** und ist damit gegenüber den pommerschen Herzögen viel unabhängiger. Das Original der Urkunde befindet sich im Stadtarchiv. 1264 erlaubt Pommernherzog Wartislaw III. der Stadt, sich selbst zu verteidigen. Es entstehen die Wallanlagen mit einem System aus Wiekhäusern, Toren und einer Mauer.

Die Entwicklung der kommenden beiden Jahrhunderte ist geprägt von vier Faktoren, nämlich der Christianisierung, der Kolonisation, der Machterweiterung und dem Fernhandel. Greifswald erblüht zu einer vielversprechenden Handelsstadt. Salz, Bier und Getreide sind die einheimischen Waren, von anderen Küsten werden Stoffe, Hering und Wein gebracht.

Ein wichtiger Grundstein für bürgerlichen Wohlstand bedeutet der **Städtebund der Hanse,** den Greifswald mitbegründet hat. Eine Urkunde von 1278 nennt die Stadt erstmals als Mitglied. Nun ist genug Geld vorhanden, um die prächtigen Giebelhäuser am Marktplatz zu errichten sowie die drei großen Gotteshäuser

St. Nikolai, Jacobikirche und Marienkirche.

Die mächtige Bürgerschaft, allen voran Bürgermeister Heinrich Rubenow, erreicht 1456 die Gründung der *pommerschen Landesuniversität.* Keine Einrichtung soll das Leben und das Flair der Stadt fortan so prägen wie die Hochschule.

1531 hält die Reformation Einzug. Not und Elend bringt für Greifswald der Dreißigjährige Krieg: 1627 nehmen Truppen unter der Führung des berühmten Generals Wallenstein die Stadt ein und errichten eine Schreckensherrschaft, die mit Plünderungen und Zwangsarbeit einhergeht. Eine Pestepidemie rafft zudem die Hälfte der Bevölkerung dahin.

1631 nehmen die Truppen des schwedischen Königs Gustav II. Adolf die Stadt nach einem kurzen Kampf ein. 184 Jahre lang bleibt Greifswald schwedisch, so wie ganz Vorpommern. Die Stadt leidet unter mehrfachen Belagerungen und verheerenden Stadtbränden. Zuletzt rücken 1806 französische Truppen ein.

1815 fällt Greifswald als Folge des Wiener Kongresses an Preußen. Mit dem Anschluss an die Fernstraße von Berlin nach Stralsund 1836 und dem Anschluss an das Eisenbahnnetz 1863 werden Voraussetzungen geschaffen, dass sich eine bescheidene Industrie entwickelt. Zudem wird Greifswald zur **Garnisonsstadt** ausgebaut, wovon noch heute einige klassizistische Häuser zeugen.

Um die Jahrhundertwende entstehen großzügig bebaute neue Straßen, 1915 wird ein Theater-Neubau eröffnet.

In den 1930er-Jahren macht sich die **Weltwirtschaftskrise** bemerkbar, die Arbeitslosigkeit steigt. Die Propaganda der Nationalsozialisten fällt bei vielen Einwohnern auf fruchtbaren Boden. Auch in Greifswald kommt es am Abend des 9. November 1938 zu Verwüstungen und Demolierungen jüdischer Geschäfte. Die kleine jüdische Gemeinde, die seit 1871 bestanden hatte, war schon vor diesen Ereignissen auf wenige Menschen geschrumpft.

Ab 1940 werden in dem großen Kriegsgefangenenlager Stammlager IIC viele Kriegsgefangene interniert und in Nebenlagern zur Zwangsarbeit eingesetzt. Am 30. April 1945 wird Greifswald auf Veranlassung des Stadtkommandanten Rudolf Petershagen kampflos den Truppen der Roten Armee übergeben. 69 000 Menschen befinden sich zu diesem Zeitpunkt in der Stadt, 33 000 von ihnen sind auf der Flucht vor Krieg und Zerstörung.

Nachkriegsjahre & Gegenwart

Nach Kriegsende brechen auch für Greifswald neue Zeiten an. Die Bevölkerung wächst stetig von knapp 44 000 im Jahr 1946 auf etwa 67 000 im Jahr 1986. Sie gilt im DDR-Jargon als blühende Stadt der **Kernenergie,** der **Elektronik** und der **Wissenschaften.** 1989 erreicht die Bevölkerungszahl der Stadt Greifswald mit mehr als 68 000 ihren historischen Höchststand.

Nach der Wende verliert Greifswald durch Wegzüge wegen Arbeitslosigkeit und Geburtenrückgang bis 2005 etwa 15 000 Einwohner. Die Zahl der Studenten nimmt hingegen stetig zu. 2008 ist Greifswald die jüngste Stadt Deutschlands mit dem höchsten Anteil von Haushalten mit Menschen unter dreißig Jahren.

Seit 1991 wird der historische Stadtkern umfangreich saniert, der Markt mit dem Rathaus gilt als einer der sehenswertesten in Deutschland.

Mord an Heinrich Rubenow

Ein Mord erschüttert am letzten Tag des Jahres 1461 die Hansestadt Greifswald. Das Opfer dieses wohl größten Politskandals der Stadt im 15. Jahrhundert ist der reichste Mann im Ort: Heinrich Rubenow, Bürgermeister und Rektor der von ihm nur sechs Jahre zuvor gegründeten Universität.

Seine Vorfahren gehörten zu den alteingesessenen und führenden Familien der Stadt. Er selbst war Rechtsprofessor und häufte zahlreiche Ämter an. Auf dem Höhepunkt seiner Karriere wurde Rubenow am Silvesterabend 1461 im Rathaus mit einem Beil erschlagen. Sein Mörder war der Handwerksbursche Claus Huremann.

Die Tat hatte schwerwiegende Folgen: Es kam zu Machtkämpfen unter den Ratsmitgliedern, die erst durch den Einsatz herzoglicher Truppen beendet wurden. Herzog Erich von Pommern marschierte schließlich in Greifswald ein und ließ das Rathaus besetzen. Die eindrucksvolle Machtdemonstration zeigte Wirkung. Die Greifswalder Ratsherren huldigten dem Herzog und schworen, ihm treu ergeben zu sein. Anschließend befahl der Herzog alle Angehörigen und Freunde des ermordeten Bürgermeisters zu sich und verlangte, dass zehn von ihnen die Stadt zu verlassen hätten. Diese weigerten sich jedoch, der Verbannung Folge zu leisten und blieben in Greifswald. Bis zum 10. August 1463 blieb die Sache in der Schwebe. Doch kurz nach der Wahl der neuen Bürgermeister Dietrich Lange und Claus van der Osten erschien der noch immer freie Mörder Rubenows vor dem Rat. Er beschuldigte Lange und Osten, ihn zu der Bluttat angestiftet zu haben. Der Tumult war groß. Schließlich gaben die neuen Bürgermeister zu, sie hätten dies zum Besten der Stadt getan, denn Rubenow habe die Stadt verraten wollen. Daraufhin kam es zu einem mittelalterlichen Sühneprozess, als dessen Ergebnis von den Schuldigen ein Sühnestein für das Grab von Rubenow gestiftet wurde. Er befindet sich seit 1792 in der St.-Marien-Kirche.

Porträt von Heinrich Rubenow

Spaziergang durch die Altstadt

Die Altstadt von Greifswald erstrahlt seit einigen Jahren wieder in neuem Glanz. Wer durch die Straßen und Gassen spaziert, taucht ein in die 800 Jahre alte Geschichte, die überall sichtbar ist. Einzigartige prächtige Giebelhäuser und beeindruckende backsteinerne Kirchen zeugen von der Blütezeit der Hansestadt.

Der alte Stadtkern wird begrenzt vom Fluss Ryck im Norden, der Straße Hansering im Osten und der historischen Wallanlage, die wie ein Ring um die untere Hälfte der Altstadt verläuft. Der Stadtkern ist mit einem Gitternetz aus Straßen klar gegliedert. Beim Flanieren durch die Altstadt sind alle Sehenswürdigkeiten schnell erreicht. Günstiger Ausgangspunkt für einen Spaziergang ist der Marktplatz.

1 Markt

Der Greifswalder Marktplatz gilt als einer der schönsten in Norddeutschland. Er ist quadratisch angelegt – im Osten erhebt sich **St. Marien** (▸ Seite 62), im Westen **St. Nikolai** (▸ Seite 54). Zur Wendezeit hatten an der Nordseite des Marktes nur noch die Fassaden gestanden, millionenschwere Fördergelder sorgte für den Wiederaufbau.

Früher umschlossen den Platz prächtige Giebelhäuser, die Eigentümer waren wohlhabende Kaufleute der Hanse. Noch erhalten sind die gotischen Giebelhäuser Markt 11 und 13 an der Ostseite des Marktes. Beide Fassaden sind allerdings nicht mehr im ursprünglichen Zustand.

Haus Nummer 11 wurde um 1400 gebaut und gehörte erst der einflussreichen Bürgermeisterfamilie Rubenow (▸ Seite 51), im späten 17. Jahrhundert der Familie Corswant. Heute ist darin das Caféhaus *Marimar* untergebracht. Es stellt wie die meisten Lokale bei gutem Wetter auch Tische und Stühle auf dem Marktplatz auf.

Markttag auf dem Marktplatz

Unter den Spitzbogen des Rathauses befindet sich die Tourist-Information

Ein besonders schöner Ort, um sich niederzulassen und den Blick über die historische Kulisse und das bunte Treiben der zahlreichen Passanten schweifen zu lassen.

Im **Haus Nummer 13,** dem ältesten bestehenden Bürgerhaus Greifswalds, befindet sich das urige Braulokal *Zum Alten Fritz*. Es ist ein typisches Wohnspeicherhaus mit Schaugiebel zur Straßenseite, dessen ursprünglicher Bau ins Jahr 1289 zurückreicht.

2 Rathaus

Das Rathaus steht zwischen dem großen Marktplatz und dem kleinen Fischmarkt und wurde 1349 erstmals erwähnt. Seit dem Jahr 2000 leuchtet das Rathaus ochsenblutrot. Erhalten geblieben sind aus dem Mittelalter die Umfassungsmauern sowie der zweischiffige Gewölbekeller. Nach zwei Bränden im 18. Jahrhundert wurde das Gebäude bis 1749 wieder neu aufgebaut und erhielt seine barocke Giebelgestaltung mit dem Dachreiter.

Erst 1934/36 wurde die Spitzbogenarkade zum Markt wieder geöffnet. Darin befindet sich heute die **Tourist-Information** der Stadt (▸ Seite 64). Die **Rathaustür** erinnert mit einem Bronzerelief des deutschen Bildhauers Jo Jastram an die kampflose Übergabe Greifswalds im April 1945 an die Rote Armee.

Im Erdgeschoss des Gebäudes ist der kleine **Ratssitzungssaal,** in dem sich Paare das Jawort geben. Der Raum ist wegen der bemalten Wandbespannung sehenswert. Sie zeigt acht Szenen aus der altjüdischen, altgriechischen und römischen Geschichte.

3 Fischmarkt und Baderstraße

Linker Hand vom Rathaus liegt der neu gestaltete Fischmarkt, auf dem in früheren Zeiten tatsächlich mit Fisch gehandelt wurde. Daran erinnert der **Brunnen** mit bronzenen Skulpturen, ebenfalls von Jo Jastram bereits zu DDR-Zeiten entworfen, aber erst nach der Wende gegossen und im Jahr 2000 aufgestellt. Der gemütliche Platz mit seinen Cafés und Bistros ist im Sommer ein beliebter Treffpunkt für Jung und Alt.

Von dort geht es in südlicher Richtung in die Baderstraße. Hinter der steinernen Fassade von Haus Nummer 1, der 4 **Alten Apotheke,** verbirgt sich der älteste Fachwerkbau Mecklenburg-Vorpommerns, errichtet 1444. Wegen seines verlassenen Zustandes fällt in der Baderstraße 2 das frühere 5 **Wohnhaus** der Greifswalder Barock-Lyrikerin Sibylla Schwarz (1621–1638) ins Auge (▸ Seite 15). Noch erkennbar ist der prächtige Giebel, der allerdings zu verfallen droht. Deshalb beschloss die Greifswalder Bürgerschaft 2015 ein Enteignungsverfahren einzuleiten, weil der Besitzer keine erkennbaren Maßnahmen ergriffen hatte, um das Gebäude zu erhalten.

Auf der anderen Straßenseite, Haus Nummer 25, steht das frühere **Zeughaus,** in dem nicht nur das Waffenarsenal der Stadt gelagert wurde, sondern auch das städtische Schafott. Später wurde das lang gestreckte Gebäude mit dem Volutengiebel als Getreide- und Warenspeicher genutzt.

Wir drehen nun um und gehen anschließend die Baderstraße und die Straße Fischmarkt in nördliche Richtung, bis wir auf die 6 **Lange Straße** treffen. Sie macht ihrem Namen alle Ehre und verläuft schnurgerade durch die gesamte Altstadt. Hier herrscht Trubel von früh bis spät: Hübsche Geschäfte, Cafés und Restaurants reihen sich aneinander und locken Touristen ebenso an wie Studenten und Einheimische.

★ 7 Dom St. Nikolai

Spaziert man nun ein paar Schritte weiter westwärts und biegt dann in die Turmgasse ein, erreicht man den Dom St. Nikolai.

Der „lange Nikolaus" ist eine der drei Backsteinkirchen, welche die Silhouette Greifswalds prägen. Er trägt den Namen des Heiligen Nikolaus von Myra, der als Schutzpatron der See- und Kaufleute im Mittelalter beliebt war. St. Nikolai hat eine große Vergangenheit, bereits in der Mitte des 13. Jahrhunderts wurde mit dem Bau des Doms begonnen. Noch während der Bauzeit im 14. Jahrhundert wurde die Hallenkirche zu einer Basilika vergrößert. Greifswald entwickelte sich zu dieser Zeit neben Stralsund zur zweitgrößten Stadt im Herzogtum Pommern.

Beim Betreten der Kirche beeindruckt der große Raum: Das Kirchenschiff ist achtzig Meter lang und dreißig Meter breit. Ein Kreuzrippengewölbe, getragen von acht Pfeilerpaaren, schließt das Kirchenschiff ab. Im Oktober 1456 fand in der Kirche die Gründung der Greifswalder Universität statt.

Nachdem zwei Stürme die früheren Turmspitzen zerstört hatten, erhielt St. Nikolai eine aus Spenden finanzierte **barocke zwiebelförmige Spitze,** die nur noch knapp hundert

Meter hoch ist und wegen der zweifachen Turmlaterne winddurchlässiger. Sie trotzt seitdem allen Unwettern. Wegen des phantastischen Panoramablicks über Greifswald und Umgebung – bei gutem Wetter sieht man die Insel Rügen – lohnt es sich, die 264 Stufen zur Aussichtsplattform hochzusteigen.

Von 1824 bis 1833 wurde der Dom tiefgreifend renoviert. Der Architekt Gottlieb Christian Johann Giese gestaltete den Innenraum im neogotischen Stil um. Ende der 1970er-Jahre wurde der Bau erneut umfassend saniert und im Juni 1989 mit einem Festakt, bei dem auch Erich Honecker anwesend war, eingeweiht.

2009 legten Restauratoren an der Südwand der Sakristei die Zeichnung eines etwa sieben Meter langen Wals frei. Sie soll in Zusammenhang mit einem Schwertwal stehen, der 1545 in Greifswald-Wieck angespült wurde. Auf dem Fußboden sind mehr als 300 Grabplatten oder deren Fragmente zu sehen. Die älteste ist von 1303. Als einziges Interieur aus dem Mittelalter ist ein Tafelbild erhalten, das Heinrich Rubenow (▸ Seite 51) 1460 für sechs Professoren stiftete.

St. Nikolai hat sieben Glocken. Die kostbarste ist die **Bet- und Professorenglocke** von 1440. Sie erreicht mit ihrem Gewicht von 4 020 Kilogramm ein gewaltiges Klangvolumen.

Vor dem Ostgiebel des Doms steht übrigens seit 2010 das **Caspar-David-Friedrich-Denkmal,** eine Bronzeskulptur des Bildhauers Claus-Martin Görtz.

8 Caspar-David-Friedrich-Zentrum

Schlendern wir die Turmgasse wieder nach oben zur Langen Gasse, finden uns vor dem **Caspar-David-Friedrich-Zentrum** mit der Hausnummer 57 wieder.

2004 wurde zunächst die historische Seifensiederei als Ausstellungs-

Innenansicht: Chor im Dom St. Nikolai

Hier ist immer was los: auf der Langen Straße in der Altstadt

gebäude eröffnet, 2011 wurde die Ausstellung auf das gesamte ehemalige Wohn- und Geschäftshaus der Familie Friedrich erweitert. Es erinnert an den großen Maler und versteht sich als Museum sowie Dokumentations- und Forschungsstätte.

Die alte **Seifensiederei** des Vaters ist zu besichtigen. Mitarbeiter erklären, wie damals Seife hergestellt wurde. Im Familienkabinett lässt sich der Familienstammbaum nachvollziehen, im Untergeschoss wird ein Film über Caspar David Friedrich gezeigt. Der Gang durch die Räume, vor allem auch im Obergeschoss, vermittelt einen lebendigen Eindruck von der vergangenen Zeit.

Weitere wichtige Lebensstationen des Malers präsentiert der **Caspar-David-Friedrich-Bildweg** (▶ Seite 70).

Lange Str. 57 | Tel. (0 38 34) 88 45 68 | www.caspar-david-friedrich-gesellschaft.de | Juni–Okt. Di–So 11–17, Nov.–Mai Di–Sa 11–17 Uhr

9 Rubenow-Platz

Folgt man nun der Langen Straße weiter in westlicher Richtung, trifft man an der Ecke Rotgerberstraße zunächst auf das **Soziokulturelle Zentrum St. Spiritus,** ein Ensemble aus in mehreren Jahrhunderten entstandenen Häusern des früheren Heiliggeistklosters. Es diente als Spital, das Arme, Kranke, Alte und Fremde in seine Obhut nahm. Der älteste Kirchenbau Greifswalds ist heute eine der schönsten Veranstaltungsorte der Stadt.

Biegt man anschließend links in die Rotgerberstraße ein, erreicht man bald den **Rubenow-Platz.** In einem Brunnenbecken vor dem Hauptgebäude der Universität (▶ Seite 57) toben und planschen im Sommer Kinder. Wer mag, setzt sich auf die Stufen des **Denkmals für Heinrich Rubenow** (1400–1462), Bürgermeister und Gründer der Universität, und genießt das lärmende Schauspiel in historischer Kulisse. Das Denkmal wurde 1856 zum 400. Universitätsjubiläum in Gegenwart des preußischen Königs Friedrich Wilhelm IV. feierlich enthüllt. Mit einer Höhe von mehr als zwölf Metern ist es die größte freistehende Fiale aus galvanisch bronziertem Zinkguss in Deutschland. Entworfen vom preußischen Baumeister Friedrich August Stüler zeigt sie in einem Medaillon Rubenow sowie in vier Nischen als Sitzfiguren die Vertreter der vier Fakultäten: für die Theologie Johannes Bugenhagen, für die Jurisprudenz David Mevius, für die Medizin Friedrich August Gottlob Berndt sowie für die Philosophie Ernst Moritz Arndt. Stehend werden die für die Universitätsgeschichte wichtigen Monarchen Herzog Wartislaw IX. von Pommern, Herzog Bogislaw XIV. von Pommern, König Friedrich I. von Schweden und König Friedrich Wilhelm III. von Preußen dargestellt.

★ 10 Universität

Auch für Nichtstudenten lohnt sich ein Abstecher auf den **historischen Campus** und ein Blick in die beeindruckenden Gebäude. 1456 wurde die Universität in Greifswald gegründet. Sie gehört damit zu den ältesten Universitäten Mitteleuropas und ist die viertälteste im heutigen Deutschland. Im Verlauf der Geschichte wechselte sie mehrfach ihren Namen, seit 1933 heißt sie Ernst-Moritz-Arndt-Universität, nach dem Theologen und Historiker Ernst Moritz Arndt. Seine Schriften sind umstritten, deshalb gibt es immer wieder heiße Debatten über eine mögliche Umbenennung der Uni (▸ Seite 11).

Etwa 11 000 Studenten studieren an den fünf Fakultäten. Das **Hauptgebäude** steht auf dem historischen Campus am Rubenowplatz. Der spätbarocke Bau aus dem Jahr 1750 ist stolze 71 Meter lang und dreigeschossig. An der Fassade befindet sich das

Der historische Campus lässt ahnen, wie das Leben an der Universität früher aussah

preußische Königswappen, an der Südseite wird das pommersche Herzogswappen von Männern gehalten. Das repräsentative Gebäude wurde vom Greifswalder Mathematiker Andreas Mayer im Stil des norddeutschen Spätbarock entworfen.

Die heutige **Aula,** die früher als Bibliothek genutzt wurde, gilt als Kleinod dieses Baustils und ist eine der wenigen erhalten gebliebenen Barocksäle in Norddeutschland. Übrigens war sie titelgebend für den Roman *Die Aula* von Hermann Kant, der selbst in Greifswald studierte. Zum Inventar gehört auch der Rektorstuhl aus dem Jahr 1906. Im Treppenhaus steckt auf einem Sockel Athene, die Göttin der Weisheit.

Auf dem Hof des Hauptgebäudes an der Südseite bestand einst bis zu den Wallanlagen ein botanischer Garten, der 1883 in die Fettenvorstadt verlegt wurde. Nun entstanden einige Zweckbauten wie das **Bibliotheksgebäude.** Der dreigeschossige Bau aus roten und gelben Ziegeln hat ein flaches Oberlichtwalmdach. Entworfen haben das Gebäude die Architekten Martin Gropius und Heino Schmieden. In der Alten Bibliothek werden zahlreiche Spezialsammlungen aufbewahrt, darunter die *Pomeranica,* die 30 000 Bände mit inhaltlichem Bezug zu Pommern umfasst.

Auf der Westseite wurde das **Physikalische Institut** errichtet. Es erhielt eine in 35 Metern Höhe drehbare **Sternwartenkuppel** mit einem sechs Meter großen Durchmesser. Die Geschichte der Astronomie hatte ihren Beginn mit der Berufung des Mathematikers Andreas Mayer im Jahr 1741. 1775 veranlasste er die Einrichtung des ersten universitätseigenen Observatoriums im Fangenturm.

An der Ostseite wurde 1885 das **Hörsaalgebäude** (Auditorium maximum) fertiggestellt und mit dem Hauptgebäude verbunden. Der Hörsaal verfügte damals über 400 Sitzplätze, erhalten geblieben sind bis heute die originale Bestuhlung und der Lehrkatheder.

Für Vergehen wie Trunkenheit, Schwänzen oder Umgang mit liederlichen Weibsbildern wurden Studenten in früheren Zeiten im **Karzer** inhaftiert. Er wurde von 1885 bis 1914 genutzt. Die beiden Arrestzellen sind voller wenig besinnlicher Zeichnungen und Beschriftungen an Wänden, Tisch und Tür. Da sich die Studenten im Karzer normalerweise selbst verpflegen mussten und zudem Besuch empfangen durften, geschah es nicht selten, dass die Strafe in ein gesellschaftliches Ereignis mit ausschweifendem Alkoholkonsum ausuferte.

11 St. Jacobi

Von der Universität aus erreichen wir über die Domstraße rasch die Kirche St. Jacobi, von den Greifswaldern liebevoll „kleiner Jacob“ genannt. Sie ist die kleinste der drei gotischen Backsteinkirchen und wurde im 13. Jahrhundert im Zuge der Entstehung einer Neustadt errichtet. An der geringeren Anzahl von Nebenaltären oder dem Fehlen privater Kapellenanbauten wird deutlich, dass die dreischiffige Hallenkirche mit dem quadratischen Westturm nie die Bedeutung der anderen beiden Kirchen erlangte. Die Jacobikirche besitzt als einzige Greifswalder Kirche noch einen mittelalterlichen Taufstein aus Granit, der aus der zweiten Hälfte des 13. Jahrhunderts stammt. Am 1. April 1955 fing der hölzerne Turmhelm Feuer, das Innere des Turms brannte aus. Die Ursachen des Feuers sind unklar. Eine Anklage gegen den amtierenden Pfarrer wegen fahrlässiger Brandstiftung wurde fallengelassen. Es kursierten Gerüchte, dass die Stasi den Brand gelegt habe, um den politisch unbequemen Pfarrer auszuschalten.

Wallanlagen

Geht man die Domstraße in westlicher Richtung weiter, stößt man in der Hirtenstraße auf ein besonderes architektonisches Projekt: 12 **Wohnen in der Mauer.** Die Wohngebäude orientieren sich in Höhe und Material an der historischen Stadtmauer, die früher an dieser Stelle die städtische Siedlung umschloss, und wurden mehrfach ausgezeichnet.

Die frühere 13 **Stadtmauer** war Teil der etwa zwei Kilometer langen **Wallanlage,** die sich wie ein Gürtel um die Greifswalder Altstadt legt. Sie wurde bereits seit der Stadtgründung im Jahr 1250 als Befestigungsanlage zum Schutz vor feindlichen Übergriffen genutzt und bestand aus einem System aus Wassergräben, Erdwällen, Türmen, Wiekhäusern, Toren und einer Mauer. Im 18. Jahrhundert begannen die Einwohner jedoch damit, die Stadtmauer abzutragen, denn der Wall grenzte das Stadtinnere ein und bot nicht den nötigen Schutz. Der Wall wurde bepflanzt, um für die Greifswalder einen Erholungsort zu gestalten.

Wenn man seinen Weg nun entlang der Wallanlagen in nördlicher Richtung fortsetzt, gelangt man vorbei am 14 **Heimattierpark** (▸ Seite 71) in den 15 **Credner Park,** gestiftet vom Geografen und Geologen Rudolf Credner (1850–1908). In der grünen Oase befinden sich ein Spielplatz, ein Teich und Wiesen – ein wunderbarer Ort zum Ausruhen.

Wir laufen nun in östlicher Richtung immer am Ryck entlang, passieren den Greifswalder Hafen und erblicken schließlich die ersten historischen Schiffe des Museumshafens.

„Wohnen in der Mauer": Die Hausfassaden imitieren die historische Stadtmauer

★ 16 Museumshafen

Im Becken des Museumshafens schaukeln etwa fünfzig Traditionsschiffe im Wasser: Zeesboote, Kutter, Frachtschiffe, Hafenbarkassen und Logger zeugen entlang der Flaniermeile von längst vergangenen Zeiten. Schautafeln erläutern die Geschichte der Schiffe wie etwa der ehemaligen „Seekuh" *Anna Susanna,* einem Minensuch- und Räumschiff aus den 1930er-Jahren, oder des Hochseekreuzers *Big Boy,* einer der wenigen hochgetakelten Jachten, die es zu bestaunen gibt. So taucht der Besucher nicht nur in die Historie, sondern auch in die Bau- und Funktionsweise der Schiffe ein, deren Restaurierung nicht immer leicht ist. Auf der Schautafel zum Zeesenboot Pommerland wird erläutert, wie der „Schietkram" rund um Finanzierung und Wiederaufbau des 1880 erbauten Schiffes so manchen dem Wahnsinn nahe brachte. Seit den 1980er-Jahren betreibt ein Verein dennoch unverdrossen den Ausbau des frei zugänglichen Hafenabschnitts. Obwohl die Gründung zu DDR-Zeiten scheiterte – die Schiffer, so berichten es Vereinsmitglieder, galten als suspekt – wurde bereits 1988 ein Treffen alter Schiffe organisiert. So wurde das Fest *Gaffelrigg* geboren, bei dem auch heute noch an jedem dritten Juliwochenende die Schiffe unter

Die beiden historischen Schiffe schaukeln auf den Wellen im Museumshafen

vollen Segeln und im Konvoi fahrend besichtigt werden können. Im Februar 1991 gründete sich der *Verein Museumshafen* dann offiziell und trieb fortan den Ausbau der 500 Meter langen südlichen Hafenseite als Flaniermeile voran. Seinen Sitz haben der Verein und sein Hafenmeister seit 1998 im denkmalgeschützten und rekonstruierten 17 **Fangenturm,** der um 1270 errichtet wurde und Teil der Stadtmauer war. Zunächst wurde er als Gefangenenturm, später als Pulverturm und als Sternwarte genutzt. In den 1990er-Jahren wurde er saniert.

Eine zweistündige Führung durch Museumshafen und -werft vermittelt Spannendes zur Geschichte des Hafens und den Schiffen, die hier ankern.

Hafenstr. 31 | Tel. (0 38 34) 51 24 44 | www.museumshafen-greifswald.de | Jeden ersten Donnerstag im Monat um 15 Uhr am Fangenturm

via Tipp 18 Nordufer des Ryck

Bis ins 19. Jahrhundert wurden auf der **nördlichen Seite des Ryckufers** in mehreren Werften Schiffe gebaut. Heute befindet sich dort die **Museumswerft.** Eigner können gegen Entgelt die Hallen und Maschinen nutzen, um ihre Schiffe zu restaurieren und zu pflegen. Besucher dürfen ihnen dabei über die Schulter schauen. Man erreicht die Werft über eine **Fußgängerbrücke.** Dort befinden sich der ehemalige Dampfeisbrecher *Pomeria* sowie die Kutter *Schwalbe II* und *Tortuga*. Alle drei laden zum Essen ein, nirgendwo schmeckt ein Fischbrötchen besser als hier. Im Sommer sind die Stufen am Wasser ein beliebter Treffpunkt für Studenten. Hier sitzt es sich bequem in Liegestühlen mit Blick aufs Wasser, Drinks werden an den Bars nebenan ausgeschenkt.

Wieder zurück am Museumshafen, leitet uns die Brüggstraße in südliche Richtung zur „dicken Marie". Wer Lust zum Schlendern verspürt, macht zuvor einen Abstecher ins Rekonstruktionsviertel mit seinen ungewöhnlichen Plattenbauten.

Der verwunschene Fangenturm

19 Rekonstruktionsviertel

Zwischen Brügg- und Johann-Sebastian-Bach-Straße ersetzen Plattenbauten weitgehend die historische Bausubstanz. Die Häuser waren allerdings nicht dem Krieg zum Opfer gefallen, sondern den unterlassenen Restaurierungen und Instandhaltungen zu DDR-Zeiten.

Das Besondere an den Plattenbauten im Rekonstruktionsviertel ist die „angepasste Plattenbauweise", die hier im Rahmen eines Forschungsprojekts der Bauakademie der DDR Ende der 1960er-Jahre Anwendung fand. Dabei wurden die ursprünglichen Straßenführungen ebenso berücksichtigt wie Dachabschlüsse oder Traufhöhen. Die Plattenbauten erhielten damit eine erstaunlich ansprechende, historisierende Optik.

Plattenbauten im Rekonstruktionsviertel mit historisierenden Fassaden

20 St. Marien

Trutzig erhebt sich an der Ecke Brüggstraße/Friedrich-Loeffler-Straße der gedrungene Turm der Kirche St. Marien, im Volksmund auch die „dicke Marie" genannt. Sie gehört zu den größten norddeutschen Hallenkirchen. Zum ersten Mal urkundlich erwähnt wurde die Kirche gemeinsam mit St. Nikolai und St. Jacobi im Jahr 1280. Bis etwa 1330 wurde sie fertiggestellt, aus dieser Zeit stammen die vier Freipfeilerpaare im Langhaus und der monumentale Ostgiebel. Er beeindruckt durch seine dekorativen Pfeiler und Spitzbogenblenden und gilt als gelungenes Beispiel **norddeutscher Giebelornamentik.**

Für St. Marien sind geistliche Gerichtsverhandlungen überliefert, die vermutlich im Erdgeschoss des Westturmes abgehalten wurden. Durch diese ehemalige Gerichtshalle betritt man heute die Kirche, deren Inneres überwältigend groß wirkt. Über die drei Schiffe der Hallenkirche erstreckt sich jeweils in einer Höhe von 21 Metern ein Gewölbe mit bunt bemalten Kreuzrippen. Das wertvollste Inventarstück ist die reich verzierte Kanzel von 1587, angefertigt vom Rostocker Kunsttischler Joachim Mekelenborg.

Im Innenraum befinden sich zahlreiche Grabsteine, darunter der Gedenkstein von Heinrich Rubenow. Der spätgotische Schnitzaltar wurde vermutlich Anfang des 16. Jahrhunderts hergestellt und zeigt die Grablegung Christi.

1659 und 1678 belagern und beschießen brandenburgische Truppen die Stadt – Eisenkugeln in Wänden und Pfeilern zeugen noch von den Beschädigungen, welche die Kirche erlitt.

Seit den 1970er-Jahren wird St. Marien saniert. Es lohnt sich, den 64 Meter hohen **Turm** zu besteigen. Bei einer Führung können die drei Glocken, von denen die älteste die 1418 gegossene Betglocke ist, sowie das mittelalterliche Lastrad und die Turmuhr bewundert werden.

★ Pommersches Landesmuseum
Pommersche Geschichte, Kunst und Kultur gibt es im gleichnamigen Landesmuseum zu erleben, das wir in südlicher Richtung über die Brügg- und anschließend über die Rakower Straße erreichen.

Das Pommersche Landesmuseum besteht aus einem Ensemble von vier Gebäuden: dem **Grauen Kloster** (ehemaliges Armen- und Altenheim), dem klassizistischen **Quistorp-Bau** (ehemalige Stadtschule), dem Backsteinbau der **Bibliothek des gotischen Franziskanerklosters** und der **Museumsstraße.** Zum Ensemble gehören weiterhin ein **Klostergarten** und eine **Wiese mit skandinavischen Findlingen.**

Von der Rakower Straße gelangt man über einen Vorplatz zunächst zum **Hauptgebäude** des Museums, dem 21 **Grauen Kloster.** In den Räumen des 1845 erbauten Gebäudes gibt es auf 1000 Quadratmetern Exponate zu 14000 Jahren pommerscher Vergangenheit zu bestaunen, darunter das älteste von Menschen gefertigte Werkzeug Pommerns oder ein fast zwei Kilogramm schwerer Goldring aus den Wirren der Völkerwanderungszeit. Highlight der Ausstellung ist der knapp vier mal sieben Meter große Croÿ-Teppich von 1554. Dargestellt ist die Familie vom Pommernherzog Philipp I., die sich unter Martin Luther gruppiert.

In den klassizistischen Gebäuden der **Gemäldegalerie,** die im 22 **Quistorp-Bau** untergebracht ist, werden neben sieben Gemälden von Caspar David Friedrich auch Bilder von pommerschen Malern wie Frans Hals oder Gerard van Honthorst gezeigt.

Der mittelalterliche Komplex um die 23 **Klosterbibliothek** steht für Sonderausstellungen und Museumspädagogik zur Verfügung.

Als Verbinder für alle historischen Gebäude dient die gläserne, multifunktionale 24 **Museumsstraße.**

Rakower Str. 9 | Tel. (0 38 34) 8 31 20 | www.pommersches-landesmuseum.de | Di–So Mai–Okt. 10–18, Nov.–Apr. 10–17 Uhr

Das „Graue Kloster" dient als Hauptgebäude des Pommerschen Landesmuseums

Information

Greifswald-Information
Informations- und Kartenmaterial, Vermittlung von Unterkünften, Verkauf von Veranstaltungstickets und Buchung von Stadtführungen.
Im Rathaus (Markt) | 17489 Greifswald | Tel. (0 38 34) 85 36 13 80 | www.greifswald-marketing.de | Apr.–Okt. Mo–Fr 10–18, Sa 10–14, Nov.–März Mo–Fr 10–17, Juli–Aug. zusätzlich So 10–14 Uhr

Übernachten

Hotel am Dom
Charmantes Hotel in einem sanierten Altbau unweit vom Dom St. Nikolai. Großzügige, konventionell eingerichtete 1- bis 4-Bett-Zimmer mit Teppichboden. Zum Hotel gehört das Restaurant *Gerberstube*.
Lange Str. 44 | Tel. (0 38 34) 7 97 50 | www.hotel-am-dom-greifswald.de | €€

Hôtel Galerie
Beste Lage mitten in der Altstadt. Helle Zimmer mit Teppichboden und klassischer Einrichtung. Das Besondere sind die zeitgenössischen Originalkunstwerke in den Zimmern und den anderen Hotelräumen.
Mühlenstr. 10 | Tel. (0 38 34) 7 73 78 30 | www.hotelgalerie.de | €€

Pension Heinrich
Farbenfroh und modern eingerichte-

Im Hôtel Galerie hängen in allen Zimmern Gemälde zeitgenössischer Künstler

te Zimmer in der Nähe des Marktplatzes mit abschließbarem Fahrradabstellraum und kostenfreien PKW-Stellplätzen in Toplage mitten in der Altstadt.
Friedrich-Loeffler-Str. 20 |
Tel. (0 38 34) 8 89 66 06 | €

Essen & Trinken

Olive
Gehobene mediterrane Küche, die im Sommer auch auf der Terrasse serviert wird. Der Clou: Den Köchen kann beim Zubereiten der Speisen zugeschaut werden.
Domstr. 40 | Tel. (0 38 34) 79 91 43 |
www.olive-greifswald.de |
Mo–Sa 17–22.30 Uhr

Restaurantschiff Pomeria
Maritim und romantisch geht es auf dem Gastroschiff am Hafen zu. Besonders lecker ist die hausgemachte Fischsuppe.
An den Ryckbrücken | Tel. (01 71) 1 72 24 00 |
www.hornfischbar.de | Tgl. 10–24 Uhr

Weinhaus
Neben Weinen gibt es leckere Antipasti, Käse, luftgetrocknete Salamis und Schinken. Im Sommer kann man die Spezialitäten auf der Außenterrasse auf dem Markt genießen.
Markt 5 | Tel. (0 38 34) 79 94 88 |
www.weinhaus-greifswald.de |
Mo–Fr 10–18, Sa 9.30–13 Uhr

via Tipp **Tischlerei**
Exquisite Küche wird in dem kleinen Restaurant auf dem Marina-Gelände geboten. Herrlicher Blick von der Terrasse aufs Wasser. Es gibt keine feste Karte, Chefkoch Tom Heinrich setzt auf tagesaktuelle und frisch zubereitete Speisen. Seit 2014 wird die *Tischlerei* im Guide Michelin empfohlen.
Salinenstr. 22 | Tel. (0 38 34) 88 48 48 |
Mo–Sa 12–22 Uhr

Kontor Eismanufaktur
Gleich zwei Filialen erfreuen mit selbstgemachten Eiskreationen wie Joghurt-Gurke-Minze, Limette-Zitronengras-Estragon oder Buttermilch-Aprikose den Gaumen.
Am Markt 12 | Im Sommer 10–19 Uhr
Am Schuhagen 1 | Ganzjährig 10–19 Uhr

Café Koeppen
Literaturcafé mit einer breiten Auswahl von Tageszeitungen, literarischen Zeitschriften und einer kleinen Bibliothek. Italienische und Wiener Kaffeespezialitäten und Weine. Im Sommer kann man im Garten sitzen. Samstags und sonntags Frühstücksbuffet. Im selben Haus ist das *Wolfgang-Koeppen-Archiv* mit dem Nachlass des Autoren untergebracht sowie das *Literaturzentrum Vorpommern,* das regelmäßig Lesungen und Ausstellungen organisiert.
Bahnhofstr. 4/5 |
Tel. (0 38 34) 41 41 89 |
www.koeppenhaus.de |
Mo–Fr ab 12, Sa/So ab 10 Uhr

Fisch 13
An diesem Fischspezialitäten-Geschäft kommt man nicht vorbei, ohne ein Matjesbrötchen mit Pflaumenmus (also den legendären *Pflaumenaugust*) verspeist zu haben. Wer Fisch liebt, wird hier bestens beraten.
Schuhhagen 13 |
Tel. (0 38 34) 3 68 93 40 |
www.fisch13.de |
Mo–Fr 10–18, Sa 10–16 Uhr

Brasserie Hermann
Kreative Gerichte zu gehobenen Preisen. Die mannshohe Karte wird an den Tisch gestellt. Großer Saal mit Holzdielen, freundlicher Service.
Gützkower Str. 1 |
Tel. (0 38 34) 52 75 21 |
Mo–Fr 11.30–23, Sa/So 11.30–23.45 Uhr

Campo Alegre
Tapas und Vino vermitteln mediterranes Flair und spanisches Lebensgefühl im schlichten, aber gemütlichen Gastraum.
Lange Reihe 1 | Tel. (0 38 34) 8 55 14 14 | Tgl. 17–22 Uhr

Theatercafé
Pompös eingerichteter Saal mit Galerie, großer Bar und Vinothek. Gehobene Küche zwischen Lachstartar und Hirschgulasch.
Anklamer Str. 108 | Tel. (0 38 34) 8 48 91 55 | www.tc-hgw.de | Mo–Sa 17–22 Uhr

Abends

Café Ravic
Eingerichtet wie ein altes Wohnzimmer mit Koffern und Körben, die an der Decke hängen, versprüht das *Ravic* seinen eigenen rustikalen Charme. Tschechisches Bier tut sein Übriges.
Bachstr. 20 | Tel. (01 76) 28 65 01 20 | Tgl. 18–4 Uhr

CoMix
Coffee- und Cocktailbar auf zwei Ebenen, im Sommer mit Hofterrasse. Ausgefallene Kaffee- und Cocktailkreationen, Happy Hour von 17 bis 21 Uhr.
Steinbeckerstr. 30 | Tel. (0 38 34) 7 75 43 25 | Mo–Fr ab 11, Sa/So ab 18 Uhr

Die Falle
Historische Raucherkneipe im Keller eines Bürgerhauses mit urigen Holztischen, Felssteinwänden und günstigen Biersorten.
Am Mühlentor 1 | Tel. (0 38 34) 89 82 05 | Tgl. ab 19 Uhr

Mitt'n Drin
Gegenüber vom Dom ist die von außen unscheinbare, innen mit bequemen Ledersesseln ausstaffierte Cocktailbar. Nachmittags gibt es Kaffee. Happy Hour von 19 bis 21 Uhr.
Domstr. 53 | Tel. (0 38 34) 89 95 14 | Tgl. ab 9, in den Semesterferien ab 11 Uhr

IKUWO
Der *Verein Internationales Kultur- und Wohnprojekt* hat seinen Sitz in einer alten Villa. Darin befinden sich ein gemütliches Vereinscafé, ein Veranstaltungssaal, ein Bandproberaum sowie acht WG-Zimmer. Es gibt Vorträge und Diskussionen, im zweiwöchentlichen Wechsel dienstags Jazztankstelle und Punk-Tresen, mittwochs ab 21 Uhr Tischtennis. Das Café ist Di–Sa ab 21 Uhr geöffnet.
Goethestr. 1 | Tel. (0 38 34) 56 61 50

Kiste
Circa 3 Kilometer südöstlich des Zentrums im Ortsteil Schönwalde gelegen. Regelmäßige Mittwochspartys und verschiedene Veranstaltungen wie Konzerte, Kino und Lesungen an Freitagen und Samstagen.
Makarenkostr. 49 | www.kistehgw.de | Mi/Fr/Sa ab 22 Uhr

Studentenclubs

In Greifswald gibt es fünf Studentenclubs, die als Vereine organisiert und von engagierten Studierenden betrieben werden.

Mensaclub
1993 gegründet, getanzt wird zu Hip-Hop, R'n'B, Charts und Techno auf zwei Floors. Hin und wieder gibt es Kinovorführungen.
Am Schießwall 1–4 | Tel. (0 38 34) 86 17 53 | www.mensaclub.de | Do/Sa ab 23 Uhr

Geographenkeller
Cooles Underground-Flair im Keller beim traditionellen Freitagsschwoof ab 22 Uhr.

Friedrich-Ludwig-Jahnstr. 16 |
Tel. (01 62) 9 22 84 21

Geologenkeller
Besteht seit 1962, schräg gegenüber vom *Geographenkeller*. Organisiert in seinem Keller unregelmäßig Mottopartys wie *Après-Ski* oder *Tequila*, aber auch interessante Vorträge wie *Eisberge, Wale und Bananen*.
Friedrich-Ludwig-Jahnstr. 17a |
www.geologenkeller.de

Kunst & Kultur

Kulturzentrum St. Spiritus
Das sozio-kulturelle Zentrum ist ein Ort für vielfältige Veranstaltungen wie Live-Musik, Lesungen, Kleinkunst, Theater und Puppenspiel. In der „Galerie in der Kapelle" werden wechselnde Ausstellungen gezeigt. Künstlerische Workshops gehören ebenfalls zum Angebot.
Lange Str. 49/51 |
Tel. (0 38 34) 85 36 44 44 |
www.kulturzentrum.greifswald.de |
Galerie in der Kapelle Mo–Fr 12–17 Uhr

Neue Greifengalerie
Kunst, Schmuck und Rahmen werden angeboten. Wechselnde Ausstellungen zeitgenössischer Künstler.
Steinbecker Str. 21 | Tel. (0 38 34) 89 86 12 |
www.neuegreifengalerie.de |
Mo–Fr 11–18, Sa 10–14 Uhr

Galerie Schwarz
1993 von Grafikdrucker Hubert Schwarz gegründet, bietet die Galerie wechselnde Ausstellungen in großen, hellen Räumen.
Lange Str. 21 | Tel. (01 77) 8 99 44 80 |
www.galerie-schwarz.de |
Di–Fr 13–18, Sa 11–15 Uhr

Galerie ETcetera
Objekte, die Kunst, Design und Genuss miteinander vereinen, werden in diesem Kunstraum angeboten. Dazu gehören auch Spirituosen mit

Die frühere Seifensiederei wurde zum Caspar-David-Friedrich-Zentrum umgebaut

Die Museumswerft liegt auf der Nordseite des Ryck

Schwerpunkt Gin, der Wein *Lesegut* oder ausgewählte Schokoladen.
Mühlenstr. 10 | Tel. (0 38 34) 8 54 37 10

Einkaufen

Wer in Greifswald shoppen gehen will, ist in der **Langen Straße** genau richtig. Sie ist verkehrsberuhigt, so dass man in aller Ruhe von einem Geschäft zum nächsten bummeln kann. Kleidung, Schuhe, Bücher oder ein hübsches Mitbringsel – hier findet sich alles, was das Herz begehrt. Zwischendurch kann man in eines der gemütlichen Cafés einkehren oder auf dem Marktplatz ein Eis schlecken.

Frischwarenmarkt

Die Buden mit Obst, Gemüse, frischem Fisch, Ziegenkäse, Antipasti, Kuchen und Knabbereien, aber auch Stricknadeln, Honigkerzen, Blumen, Tischtüchern im Blaudruck oder Naturschmuck passen wunderbar zum historischen Ambiente des Marktplatzes. Im Sommer bieten bis zu siebzig Händler ihre Waren an.
Apr.–Okt. Di/Do/Fr 8–17, Sa 8–13 Uhr,
Nov.–März Di/Do/Fr 8–16, Sa 8–13 Uhr

Teekontor

Mehr als 200 Teesorten sowie handgemachte oder in Manufakturen hergestellte Schokoladen mit exotischen Aromen, Sanddornprodukte, Marmeladen und hübsches Teeporzellan gibt es zu kaufen.
Lange Str. 64 | Tel. (0 38 34) 89 42 42 |
www.teekontor-greifswald.de |
Mo–Fr 9–18, Sa 9.30–12.30 Uhr

Flower Power

Die schönsten Blumen-Arrangements samt ausführlichen Pflegetipps gibt es in diesem Laden. Jedes Jahr gestaltet Inhaberin Antje Wolf eine floristische Adventsausstellung.
Brüggstr. 13 | Tel. (0 38 34) 50 31 86 |
www.flower-power-greifswald.de |
Mo–Fr 8.15–18, Sa 8–13 Uhr

Fundgrube Heims
Riesige Auswahl an Schallplatten, (Hör-)Büchern, Comics, CDs, DVDs und Blu-rays. Manchmal gibt es sogar etwas geschenkt. Der Laden liegt gegenüber des Pommerschen Landesmuseums.
Domstr. 39 | Tel. (0 38 34) 44 73 27 | www.schallplatten-greifswald.de | Mo–Fr 11–17.30, Sa 11–15.30 Uhr

Galerie Jantar
Glaskunst, Keramik, Skulpturen, Drucke und Schmuck – hier findet jeder etwas für jeden Geldbeutel. Allerdings sollte man genug Zeit zum Gucken und Stöbern mitbringen.
Schuhhagen 30 | Tel. (0 38 34) 85 56 60 | www.galeriejantar.de | Mo–Fr 10–18, Sa 10–14 Uhr, So auf Anfrage

Klamottchen
Nicht ganz billig, aber die Kinderbekleidung entsteht in Werkstätten in Gristow und Greifswald. Verwendet werden Naturmaterialien, die aus alten Textilien gewonnen werden. Jedes Kleidungsstück ist garantiert ein Hingucker.
Fleischerstr. 2 | Tel. (01 51) 16 55 17 56 | www.klamottchen-greifswald.de | Mo/Di 13–17, Mi/Do 13–18, Fr 13–17 Uhr

Kleidercafé mabellaz
Kaffeespezialitäten, veganer Kuchen, fair gehandelte Damenmode, auf Wunsch sogar maßgeschneidert, sowie schöne Accessoires.
Schuhhagen 28/29 (Eingang Kuhstr.) | Tel. (0 38 34) 8 85 66 33 | www.shop.mabellaz.com | Mo–Fr 9–19, Sa 10–16 Uhr

Taschenlust
Wer hier nicht fündig wird, ist selbst schuld. Das umfangreiche Sortiment bietet neben kleinen, großen, bunten Taschen auch Rucksäcke, Ranzen und Reisegepäck.
Lange Str. 60 | Tel. (0 38 34) 2 31 94 44 | Mo–Fr 10–18.30, Sa 10–16 Uhr

Einkaufszentrum Elisenpark
Bei schlechtem Wetter findet sich hier alles von Blumen über Möbel bis zu Kleidung und Drogerieartikeln unter einem Dach. Im Südosten der Stadt.
Anklamer Landstr. 1 | Tel. (0 38 34) 8 02 56 11 | www.elisenpark.de

Wellness

Freizeitbad Greifswald
Schwimm- und Badelandschaft mit Whirlpool, 40-Meter-Wasserrutsche, Grotte, beheiztem Außenbecken, Sauna, Dampfbad und Restaurant. Im Außenbereich Beachvolleyballfeld und Sommerkegelbahn.
Pappelallee 3–5 | Tel. (0 38 34) 53 27 11 | www.freizeitbad-greifswald.de | Tgl. 10–21 Uhr | Mo–Fr Sauna und Bad Erw. 15 €, Kinder bis 15 Jahre 10,50 €, Sa/So Erw. 16 €, Kinder 11,50 €

Sinus Gesundheitssport und Wellnesszentrum
Finnsauna, Dampfbad, Solarien und Kurse wie Rückengymnastik, Zumba, Kickboxen, Pilates und Yoga werden angeboten.
Pappelallee 1 | Tel. (0 38 34) 87 23 05 | www.medigreif-sinus.de | Tgl. 8–22 Uhr

Heilpraxis und Yogaschule
Yogalehrerin Jana Erdmann unterrichtet in den mit rustikalen Holzbalken versehenen Räumen des Giebelhauses Markt 11. Sie gibt auch Kochkurse, Kräuterseminare und individuelle Ernährungsberatung. Zudem stehen Pflanzenheilkunde und Meditation auf dem Plan.
Markt 11 | Tel. (01 74) 9 52 52 78 | www.bewusstseinundleben.de

Eingang zum Heimattierpark

Alcedo Spa
Circa 10 Kilometer außerhalb von Greifswald in Levenhagen. Dampfbad, Kräutersauna, finnische Sauna, großzügiger Ruheraum mit Blick in die freie Natur, Garten mit windgeschützten Terrassen, Fitnessfloor mit Geräten und Trainingsbetreuung.
Dorfstr. 19 | 17498 Levenhagen | Tel. (0 38 34) 51 11 70 | www.alcedo-levenhagen.de | Tageskarte ab 10,50 €

Aktivitäten

Caspar-David-Friedrich-Bildweg
Der 18 Kilometer lange Rundweg führt durch Greifswald und die nähere Umgebung. An 15 Stationen erschließen sich dem Spaziergänger wichtige Lebens- und Wirkungsorte des Malers. Die Strecke beginnt in der Langen Straße 57, wo Friedrich geboren wurde. Die dazu passende Broschüre *Caspar David Friedrich. Ein Rundgang auf seinen Spuren in Greifswald* kann in der Touristeninformation erworben werden.

Universitätsführungen
Die Kustodie veranstaltet nach Voranmeldung neun thematische Führungen, darunter *Aula und Karzer, Sechs Jahrhunderte Universitätsgeschichte in einem Rundgang, Sagen, Legenden und Gruselschichten an der Uni Greifswald* oder *Auf der Route der europäischen Backsteingotik*. Treffpunkt für jede Führung ist am Rubenowdenkmal.
Anmeldung unter Tel. (0 38 34) 86 30 60 | Öffentliche Sommerführungen ohne Voranmeldungen Apr.–Okt. tgl. um 15 Uhr

Botanischer Garten und Arboretum
1763 wurde der Botanische Garten begründet und 1886 an die Grimmer Straße verlagert. Auf zwei Hektar Fläche entstanden Gewächshäuser und ein Freilandbereich mit thematisch gestalteten Quartieren. 1934 kam das Arboretum, eine beachtliche Gehölzsammlung auf sieben Hektar, in der Friedrich-Ludwig-Jahn-Straße hinzu. In dessen zentralem Teil wurde ein

Seerosenteich angelegt.

Botanischer Garten | Grimmer Str. 88 | Mo–Fr 9–15.45, Mai–Sep. Sa/So 13–18 Uhr, im Winter Sa/So verkürzt

Arboretum | Friedrich-Ludwig-Jahn-Str. | Tgl. 9–18 Uhr

Heimattierpark

Etwa 3,6 Hektar große Parkanlage, in der mehr als 100 Tierarten untergebracht sind. Neben Eseln, Schweinen und Ponys leben hier auch Bennettkängurus, Nasenbären und Präriehunde. Auf einem Rundweg erfahren Kinder viel über die Geheimnisse aus der Tierwelt. An der Zooschule lockt ein Imbiss.

Anlagen 3 | Tel. (0 38 34) 50 22 79 | www.tierpark-greifswald.de

Indoor-Spielplatz kunti-bunt

Die Rettung für Schlechtwettertage begeistert Kinder mit einem riesigen Klettergerüst, Trampolinen, Hüpfburgen, Rutschen, Autoscooter und Actionspielen. Am südlichen Stadtrand gelegen.

An der Thronpost 12 | Tel. (0 38 34) 8 30 98 65 | www.kunti-bunt.de

Sund- und Boddenreederei Stralsund

In der Sommersaison fahren die Fahrgastschiffe *Stubnitz* und *Breege* dreimal am Tag zwischen Greifswald, Wieck und Ludwigsburg. Außerdem wird eine einstündige Ausfahrt in die Dänische Wiek angeboten.

Tel. (0 38 31) 29 26 06 oder (01 63) 8 51 07 86

Geologische Landessammlung

Die 1908 gegründete Pommersche Geologische Landessammlung präsentiert in einer Ausstellung die geologische Entwicklung Vorpommerns der vergangenen 500 Millionen Jahre.

Friedrich-Ludwig-Jahn-Str. 17a | Tel. (0 38 34) 86 45 51 | Besuch und Führung nach Absprache

Die Füße im Wasser und die Seele baumeln lassen am Nordufer des Ryck

Hingucker und Wahrzeichen von Wieck: die historische Klappbrücke

★ Wieck

Reetgedeckte Fischerkaten, gepflegte Vorgärten und stille Gassen, auf denen hier und da eine Katze auf dem warmen Kopfsteinpflaster döst, ab und an bellt ein Hund: So idyllisch präsentiert sich im Sommer Wieck mit seinen etwa 470 Einwohnern. Das Örtchen stand schon zu DDR-Zeiten unter Denkmalschutz und zählt zu den ältesten Fischerdörfern in Norddeutschland.

Urkundlich wurde Wieck 1248 erstmals als Besitz des Klosters Eldena erwähnt. Es ist malerisch gelegen an einer Bucht des Greifswalder Boddens, wo der Ryck in die Dänische Wiek fließt. Wieck ist in den Sommermonaten Naherholungsgebiet der Greifswalder und ein beliebtes Ausflugsziel für Urlauber. Darum gibt es im Dorf mehrere schön gelegene Cafés, Restaurants und Hotels. Schon früh diente der **Wiecker Hafen** sowohl als Fischereihafen als auch als Vorhafen für die Frachtschifffahrt nach Greifswald. Um 1600 befand sich an der Spitze des Nordufers ein Leuchtfeuer, *Blüse* genannt. Ein städtischer Vogt war Aufseher und verlangte Gebühren. Heute ist das Wahrzeichen Wiecks die nach holländischem Vorbild erbaute **Klappbrücke.** Sie verbindet das Fischerdorf mit Eldena. Noch immer werden zu jeder vollen Stunde die mehr als 13 Meter langen Klappen per Hand gezogen, um Schiffe passieren zu lassen. Erste Überlegungen zum Bau stammen aus dem Jahr 1833. Die Universität wollte ihre Güter auf der Wiecker Seite effektiver bewirtschaften. Daraufhin erbaute der Schiffbaumeister August Spruth vor 130 Jahren die hölzerne Doppel-Waagebalken-Brücke, die den Ryck bis heute überspannt. Am 25. Juli 1887 wurde das Bauwerk feierlich eingeweiht. Die Brücke ist etwa 55 Meter lang und 7,50 Meter breit. Seit 2001 dürfen die Brücke nur noch Fußgänger passieren. Lediglich Anwohnern ist das Überqueren mit Autos gestattet. Trotzdem sind die Belastungen für die Brücke gewaltig, sodass häufige Sanierungen notwendig sind. Zu DDR-Zeiten war die Wiecker Brücke übrigens mehrfach beliebte Kulisse für Film-Produktionen: 1968 wurde hier die DEFA-Musikkomödie *Heißer Sommer* mit Frank Schöbel in der Hauptrolle gedreht, ein Kultfilm der damaligen Jugendgeneration.

Auf der **Hafenpromenade** kann man sich in den Räuchereien und Restaurants mit frischem und geräuchertem Ostseefisch wie Flunder, Hornhecht oder Hering stärken oder die Jachten begutachten, die auf den Wellen schaukeln.

Wer Glück hat, kann das **Segelschulschiff Greif** an seinem Liegeplatz bewundern. Es ist eine aus Stahl gebaute Schonerbrigg, die in der DDR von 1951 bis 1990 als Segelschulschiff *Wilhelm Pieck* in Dienst war. Sie ist 41 Meter lang und erreicht eine Höchstgeschwindigkeit von 26 Kilometern pro Stunde. Die längste Reise führte das Schiff im Jahr 1957 nach Albanien, Bulgarien, Rumänien und nach Odessa – für die etwa 14800 Kilometer benötigte es 99 Tage. Nach der Wende übernahm die Stadt Greifswald das Schiff und benannte es 1991 in *Greif* um. Es ist als bewegliches Kulturdenkmal eingetragen.

Wenn man weiter spaziert, trifft man auf ein ästhetisch durchaus umstrittenes Bauwerk: Im April 2016 wurde ein etwa sieben Meter hohes **Hochwasser-Sperrwerk** eingeweiht, das knapp 28 Millionen Euro gekostet hat. Durch das Sperrwerk soll der Hochwasserschutz von den Ufern des Rycks an die Boddenküste verlagert und vor allem Wieck besser geschützt werden. Erstmals geschlossen wurde das Sperrwerk im Oktober 2016, bei einer Sturmflut erwies es den Bewohnern Wiecks gute Dienste.

Nördlich im Dorf steht die **Bugenhagenkirche.** Bereits im 13. Jahrhundert wird im Zentrum von Wieck eine Kirche erwähnt. Doch bei einer Sturmflut 1872 wurde das Gottes-

Idylle pur: Restaurierte Fischerkaten säumen die Wiecker Dorfstraße

haus so stark beschädigt, dass in den 1880er-Jahren eine neuromanische Saalkirche erbaut wurde. Benannt wurde sie nach dem pommerschen Reformator Johannes Bugenhagen (1485–1558), der die erste Pommersche Kirchenordnung verfasste. Zur Ausstattung der Kirche gehören die eicherne Kanzel, das Taufbecken in Kelchform, der dreiteilige Altaraufsatz mit maritimen Szenen und Schiffsmodellen. Die Glocke sowie die Mehmel-Orgel von 1883 wurden eigens für die Bugenhagenkirche angefertigt.

An jedem dritten Juli-Wochenende feiert Wieck das größte maritime Volksfest Vorpommerns: das Fischerfest **Gaffelrigg** (via Tipp ▸ Seite 31). Dann strömen zehntausende Besucher durch die Gassen, Traditionsschiffe gehen auf große Fahrt und ein Höhenfeuerwerk erhellt den Bodden.

Übernachten

Hotel Zur Brücke
Was hier zählt, ist der herrliche Blick der meisten Zimmer auf den Ryck, die Wiecker Klappbrücke und den Jachthafen. Fragen Sie nach einem Zimmer mit Balkon und Aussicht.
An der Mühle 6 | 17493 Greifswald (OT Wieck) | Tel. (0 38 34) 83 61 60 | www.zur-bruecke.de | €€

Hotel Utkiek
Zimmer und Restaurant *Pier 19* bieten einen tollen Blick aufs Wasser von Ryck und Greifswalder Bodden. Sehr helle Apartments mit moderner, geschmackvoller Einrichtung, Möbel teilweise im Shabby-Chic-Stil. Für einen besonderen Anlass empfehlenswert: Die großen Turmsuite mit etwa 80 Quadratmeter großer Dachterrasse und Zugang zum Turm.
Am Hafen 19 | Tel. (0 38 34) 8 33 10 | www.utkiek-greifswald.de | €€

Zu verschenken: Äpfel vor der Kirche

Essen & Trinken

Büttner's
Gilt als das beste Restaurant der Stadt. Küchenchefin Antje Büttner machte ihre Ausbildung bei Sternekoch Kolja Kleeberg. Seit 2011 kocht sie im eigenen Restaurant und bietet in ihrem liebevoll eingerichteten Gastraum saisonale Küche aus heimischen Zutaten. Es gibt auch hausgemachte Kuchen und Marmeladen.
Am Hafen 1a | Tel. (0 38 34) 8 87 07 37 | www.buettners-restaurant.de | Di–Do ab 17, Fr–So ab 12 Uhr

Aktivitäten

Segelschulschiff „Greif"
Auf Tagesfahrten und mehrtägigen Segeltörns sind auch Anfänger willkommen, sofern sie fleißig mit anpacken wollen. Fans des Segelschulschiffs können Souvenirs zum *Greif* auf dem Schiff oder im Büro kaufen.
Anlegestelle an der Südmole | Tel. (0 38 34) 84 14 24 oder (01 71) 6 39 31 49 | www.sssgreif.de

Eldena

Eldena ist mit einer Fläche von 675 Hektar der größte Stadtteil Greifswalds. Nach 1950 und noch einmal nach der Wende entstanden hier große Wohngebiete mit schmucken Einfamilienhäusern.

★ Kloster Eldena

Überregional berühmt ist die **Klosterruine** von Eldena. Sie erhebt sich an der Wolgaster Landstraße, eingebettet in eine Parkanlage mit hohen Bäumen, darunter 180 Jahre alte Eichen. Etwa hundert Meter entfernt befindet sich für Besucher ein großer Autoparkplatz.

Die Geschichte des Ortes Eldena ist eng verwoben mit der Entwicklung des Klosters, das ursprünglich *Hilda* genannt wurde. Zisterziensermönche begannen mit der Errichtung der Anlage zu Beginn des 13. Jahrhunderts am Südufer der Mündung des Ryck in die Dänische Wiek.

1204 bestätigte Papst Innozenz III. das Kloster *Hilda*, vom Rügenfürsten wurde es mit umfangreichem Landbesitz und Privilegien wie dem Betrieb von Mühlen und dem Fischfang auf einem Teil des Greifswalder Boddens ausgestattet. 1209 erhielt das Kloster das Recht, Siedler (Dänen, Wenden und Deutsche) ins Land zu holen. Bauern und Handwerker kamen, bauten neue Dörfer und prägten die Kulturlandschaft der Region. Geistliches und wirtschaftliches Zentrum war das Kloster, das in einer Urkunde von 1248 erstmals als Besitzer von „oppidum Gripheswald" genannt wird – und somit die Keimzelle der späteren Stadt Greifswald ist. 1347 wurde das Kloster in einer Urkunde erstmals *Eldena* genannt.

Der Bau der Klostergebäude zog sich über vier Jahrhunderte hin. Die ältesten, noch romanischen Teile der

Verwunschener Ort: Die Ruine des Klosters Eldena hat die Jahrhunderte überdauert

Engagierte Bürger sorgten dafür, dass die Bockwindmühle wieder aufgebaut wurde

Klosterkirche stammen aus der ersten Hälfte des 13. Jahrhunderts. Erhalten geblieben ist die Anfang des 13. Jahrhunderts errichtete Chorsüdwand. Sie gilt als älteste Backsteinmauer des vorpommerschen Festlands. Außerdem stehen noch Teile des Kirchenschiffs und der Konventsgebäude, in denen sich seit 1968 eine Freilichtbühne befindet. Auch Überreste der südlichen Klostermauer und ein letztes Wirtschaftsgebäude, die sogenannte Klosterscheune, blieben erhalten. Die Scheune wird heute für Veranstaltungen wie den Klostermarkt oder die **Eldenaer Jazz Evenings** (via Tipp ▸ Seite 31) genutzt.

Im Mittelalter spielte das Kloster auch als Grablege pommerscher Herzöge eine bedeutende Rolle. Von den reich ausgestatteten Grabmälern ist allerdings nichts erhalten.

Nach der Reformation verfiel das Kloster im 17. Jahrhundert zunehmend. Im Dreißigjährigen Krieg plünderten kaiserliche und schwedische Truppen, später wurde die Ruine als Steinbruch für Festungs- und Greifswalder Universitätsbauten genutzt. Die Ruine faszinierte Caspar David Friedrich, der sie durch seine Gemälde weltweit bekannt und zu einem Symbol der Romantik machte. Und so griff 1827 der von romantischen Ideen begeisterte preußische Kronprinz Friedrich Wilhelm (später König Friedrich Wilhelm IV.) ein. In den Folgejahren gab es erste Sanierungen, ein Park wurde angelegt. Dort, wo die Langhauspfeiler des Kirchenschiffs fehlten, wurden Eichen gepflanzt. Die Symbolik des Zusammenwachsens von Natur und altehrwürdigen Bauten zieht auch heute noch Besucher in ihren Bann.

Weitere Sehenswürdigkeiten

Wer vom Greifswalder Zentrum Richtung Eldena fährt, kommt an der rekonstruierten **Bockwindmühle** vorbei. Sie ist eine von fünf in Vorpommern und erinnert daran, dass an dieser Stelle eine der ältesten Bockwindmühlen der Ostseeküste stand. Die erste schriftliche Erwähnung ist im Jahr 1533 belegt, damals gehörte sie – wie auch das Kloster Eldena – zur Universität Greifswald. Im Laufe der Jahrhunderte wurde die Mühle durch Wind und Wetter, aber auch durch kriegerische Auseinandersetzungen immer wieder zerstört – und immer wieder aufgebaut. Bis 1932 wurde die Mühle wirtschaftlich genutzt. 1972 fiel sie schließlich in sich zusammen. Viele Jahre lang erinnerte nur noch ein Mühlenbock an ihre Existenz. Im Jahr 1994 gründete sich ein Förderverein zur Wiedererrichtung der Bockwindmühle. In den Sommermonaten können Interessierte sie sonntags besichtigen.

Zwischen Greifswald und Eldena erstreckt sich außerdem das **Ostseeviertel.** In den 1980er-Jahren wurden dort große Plattenbauten errichtet, ohne das Wohnumfeld mitzugestalten. In der tristen Anlage wollte nach der Wende bald niemand mehr wohnen. Dank Rückbau und Neugestaltung gilt das Viertel heute als gelungenes Beispiel des Programms *Stadtumbau Ost.*

Das **Bierbrauen** hat in Eldena eine lange Tradition. Ursprünglich von den Mönchen betrieben, gehörte die Brauerei nach der Säkularisierung der Klostergüter zunächst zum herzoglichen Amtshof. 1877 pachtete Konrad Becker die Brauerei und vergrößerte sie. 1932 wurde der Betrieb eingestellt, denn die Konkurrenz der *Hinrichsschen Brauerei* aus Greifswald war zu groß geworden. Erhalten geblieben ist nur noch der am Boddenweg gelegene *Bierkeller Eldena,* der heute von geschützten Fledermausarten als Winterquartier genutzt wird.

Elisenhain & Strandbad

Zu Eldena gehört auch ein 407 Hektar großer Wald, der als **Naturschutzgebiet** ausgewiesen ist. Der nordwestliche Teil heißt **Elisenhain,** weil Elisabeth Ludovika von Bayern, die Gemahlin von Friedrich Wilhelm VI., 1825 diesen Wald durchwanderte. Auch heute sind auf den Wegen zahlreiche Spaziergänger, Radler und Jogger anzutreffen. Von 1898 bis zu ihrer Demontage nach dem Zweiten Weltkrieg verkehrte hier die Kleinbahnlinie von Greifswald nach Lubmin. Am südlichen Rand des Hains erinnert ein **Gedenkstein** an den Greifswalder Schriftsteller Georg Engel (1866–1931), dessen Bücher in der Zeit des Nationalsozialismus verbrannt wurden.

Zum Sonnenbaden und Abkühlen an heißen Tagen hat Eldena ein schönes **Strandbad.** Zu DDR-Zeiten kamen im Sommer pro Tag bis zu 15 000 Badegäste. Heutzutage geht es dort deutlich ruhiger zu.

Museen

Eldenaer Bockwindmühle

Ein Blick ins Innere der Mühle lohnt sich. Zudem finden jährlich Mühlenfeste statt.

Wolgaster Landstr. 27 | 17493 Greifswald (OT Eldena) | Tel. (0 38 34) 84 23 80 | Mai–Sep. So 11–13 Uhr oder nach Anmeldung

Aktivitäten

Strandbad Eldena

Ausgedehnte Flachwasserzone, ideal für Kinder. Strandkorb-, Liegen- und Sonnenschirmverleih. Der Grillplatz kann nach Anmeldung genutzt werden, ein Kiosk bietet Speisen und Getränke an.

Yachtweg | Tel. (01 71) 5 54 29 80 | Mitte Mai–Mitte Sep. tgl. 8.30–20 Uhr

Boddenküste Richtung Usedom

Vornehmster Ort der östlichen Boddenküste ist das Seebad Lubmin. Badeurlauber finden am breiten Sandstrand beste Bedingungen vor. Urig geht es im Fischerörtchen Freest zu, überraschend mondän gibt sich das Nachbardorf Kröslin.

Loissin, Gahlkow & Ludwigsburg

Die Gemeinde Loissin erstreckt sich über das östliche Ufer der Dänischen Wiek, der Bucht im Süden des Greifswalder Boddens. Sie besteht aus den drei Dörfern Loissin, Ludwigsburg und Gahlkow.

An der Dorfstraße in **Loissin** stehen einige schmucke Fachwerkhäuser, in denen früher Bedienstete des Guts lebten. Das Gutshaus ist ein in der zweiten Hälfte des 19. Jahrhunderts entstandener Putzbau, der in den vergangenen Jahren saniert wurde.

Vom Dorf Loissin, das nicht direkt am Wasser liegt, führt eine Straße in 20 Gehminuten zum restaurierten **Fischerhaus** direkt am Strand. Das schmucke Haus im Fachwerkstil ist mit Reet gedeckt und wird als internationales Freizeit- und Begegnungszentrum genutzt. Daneben liegen Zeltplatz und Bungalowsiedlung. Über ein kleines Steilufer geht es zum schön gelegenen, schmalen **Sandstrand.**

Knapp zwei Kilometer östlich vom Dorf Loissin liegt das beschauliche **Gahlkow,** ein ehemaliges Rittergut und Familienbesitz. Schon der Weg dorthin entschleunigt, weil der Ort nur über schmale, einspurige Straßen erreichbar ist. Zwischen Loissin und Gahlkow verläuft zudem ein Radweg. Der naturbelassene Sandstrand ist rund einen Kilometer entfernt. Dort wurde ein Findling entdeckt, der die Gravierung eines Langbootes trägt und vermutlich aus der Wikingerzeit stammt.

Loissin und Gahlkow bieten für Kiter und Surfer ideale Bedingungen.

1,5 Kilometer westlich von Loissin liegt das malerische Dörfchen **Ludwigsburg** mit wunderschönen reetgedeckten Fachwerkhäusern. Nach 2,5 Kilometern hat man das **Strandbad** Ludwigsburg an der Dänischen Wiek erreicht, das mit dem Restaurant *Boddenblick* und schattigen Liegeplätzen unter Kiefern punktet.

Beeindruckend ist das im Renaissance-Stil errichtete **Schloss** mit seinem weitläufigen Park und den Gutshofanlagen. Zu DDR-Zeiten wurde das Gebäude dem Verfall preisgegeben. Nach der Wende wurde eine grundlegende Sanierung in Angriff genommen, doch es bleibt noch viel zu tun. Schloss Ludwigsburg ist das letzte, fast originalgetreu erhaltene Zeugnis Pommern-Wolgaster Herzogsgeschichte.

Verbindungen

Die Buslinie 517 fährt Mo–Fr zweimal täglich von Greifswald ZOB über Gahlkow und Loissin nach Ludwigsburg.

Übernachten & Essen

Boddenblick Ludwigsburg
Beliebtes Ausflugsziel am Strandbad von Ludwigsburg. Rustikales Ambiente und deutsche Küche.
Strandweg 21 | 17509 Loissin (OT Ludwigsburg) | Tel. (03 83 52) 2 60 | Tgl. 10–18 Uhr

Aktivitäten

Schloss Ludwigsburg
Ausstellungen u. a. zur Geschichte des Schlosses, Kräuterschaugarten, Hofladen. Besichtigung des Schlosses nur nach Vereinbarung.
Kirchweg 5 | 17509 Loissin (OT Ludwigsburg) | Tel. (03 83 52) 6 03 24 | www.ludwigsburg-mv.de

◂ *Kitesurfer am naturbelassenen Strand von Loissin*

Lubmin

Villen im Stil der Bäderarchitektur, eine Seebrücke sowie ein breites Angebot an Kultur und Wellness machen Lubmin für alle attraktiv, die dem Massentourismus entgehen wollen und es trotzdem mondän mögen. Große Kiefernwälder, Kliffküsten und die Lubminer Heide garantieren zudem abwechslungsreiche Wanderungen in der Umgebung. Dabei ist Lubmin noch immer ein echter Geheimtipp unter Ostseebesuchern.

Das einzige Seebad am Greifswalder Bodden liegt etwa 20 Kilometer östlich von Greifswald. Am breiten und etwa fünf Kilometer langen **Sandstrand** ist auch in der Hochsaison immer genug Platz für Badegäste vorhanden. Der große Flachwasserbereich ist besonders bei Familien mit Kindern beliebt, aber auch Anziehungspunkt für Surfer, Kiter, Ruderer und Angler. Der flache Boddenstrand gilt unter Wassersportlern als eines der schönsten Stehreviere in ganz Deutschland und ist für Anfänger und Fortgeschrittene geeignet. Die **Marina** mit 180 Liegeplätzen bietet alle Einrichtungen, die das Herz des Wassersportlers begehrt.

Lubmin auf dem Weg zur Top-Destination

Seit 2004 hat Lubmin einen Ostseehafen, dem zwei Jahre später die Betriebserlaubnis erteilt wurde. Er wurde am Auslaufkanal des ehemaligen Kernkraftwerks errichtet und hat am Südkai fünf Liegeplätze. Am Ende des Auslaufkanals wurde eine **Marina** erbaut, die im April 2007 eröffnet wurde. Rügen und Usedom sind von hier aus gut zu erreichen, ebenso wie Polen oder die Insel Bornholm. Seit 2014 können Besucher einen mit Bohlen ausgelegten **Wanderweg** begehen, der parallel zum Strand von der Marina nach Lubmin führt.

Der alte Bahnhof glänzt mit frisch herausgeputzter Fassade

Die Seebrücke von Lubmin ist 350 Meter lang

Die **Kurverwaltung** in der Ortsmitte hat sich im ehemaligen Bahnhofsgebäude eingerichtet. In dem hübschen zweigeschossigen Fachwerkbau waren früher eine Empfangshalle mit Fahrkartenschalter, Wartesäle, eine Gaststätte und ein Güterboden mit Rampe untergebracht. Nach der liebevollen Sanierung befinden sich darin eine Bibliothek sowie ein Veranstaltungssaal für bis zu 120 Personen.

Der **Kurpark** von Lubmin zwischen Villenstraße und Waldstraße ist in den vergangenen Jahren ebenfalls saniert worden. Behutsam wurden der Waldbestand gelichtet, die **Konzertmuschel** restauriert und ein **Bewegungsparcours** gebaut. Auf der **Open-Air-Bühne** finden in der Saison Konzerte und Veranstaltungen statt.

Lubmins wechselvolle Geschichte als Seebad

Lubmin, erstmals 1271 urkundlich erwähnt, entwickelte sich aus einem armen Bauern- und Fischerdorf zu einem Badeort, der mittlerweile auf eine mehr als 130-jährige Tradition zurückblicken kann. 1886 erhält Lubmin das Prädikat „Seebad“, woraufhin die ersten Badeanstalten entstanden. Zwei Pfahlbauten wurden durch einen sechzig Meter langen Steg miteinander verbunden. Vom Strand aus konnten die Besucher wie heute fast den gesamten Bodden überblicken, bei klarer Sicht ist die Südküste Rügens gut zu erkennen, ebenso wie die Halbinsel Mönchgut und die Inseln Vilm und Ruden. Für mehr Andrang sorgten schließlich eine Postkutschenverbindung, die 1893 eingerichtet wurde, sowie fünf Jahre später ein Anschluss an die Bahnverbindung von Greifswald nach Wolgast. 1895 wurde ein Warmbad eröffnet und um die Jahrhundertwende errichteten die Lubminer Hotels und Pensionen, damit die Feriengäste komfortabler wohnen konnten als in den kleinen Fremdenzimmern der Fischerfamilien.

Erst 1928 wurde eine Seebrücke mit einer Länge von 245 Metern gebaut. Zuvor existierten nur kleine Anlegestellen am Strand, an denen Schiffsreisende anlandeten. Mit der großen Seebrücke war es nun möglich, von Lubmin aus Rügen und Greifswald mit einer Dampfschiffverbindung zu erreichen.

Zu DDR-Zeiten war Lubmin ein beliebter Urlaubsort, 1951 wurde ein Kurpark eröffnet, 38 Ferienlager existierten. Überregional bekannt wurde der kleine Ort in den 1970er-Jahren, als etwa fünf Kilometer außerhalb von Lubmin ein **Kernkraftwerk** gebaut wurde. Der erste Reaktor wurde 1973 in Betrieb genommen, bis 1979 gingen vier Blöcke ans Netz, die etwa zehn Prozent des Strombedarfs der DDR deckten. Das Kraftwerk bot tausenden Menschen Arbeit. Die Fertigstellung weiterer Blöcke verzögerte sich dann wegen Lieferschwierigkeiten der sowjetischen Schwerindustrie. Erst 1989 nahm Block 5 deshalb seinen Probebetrieb auf, Block 6 wurde ein Jahr später fertiggestellt, aber nicht mehr mit Brennelementen beladen. Erst nach der Wende erfuhr die Öffentlichkeit von schweren Sicherheitsmängeln und verheimlichten Störfällen, bis Ende des Jahres 1990 wurden alle Reaktoren stillgelegt – unter Protest der bis dahin 5 500 Beschäftigten. Etwa tausend Menschen arbeiten heute am Rückbau und der Entsorgung der nuklearen Anlagenbestandteile. Das Prozedere soll bis 2028 abgeschlossen werden. Jugendliche ab 14 Jahren und Erwachsene können übrigens eine beeindruckende Führung durch Block 6 mitmachen (▸ Seite 85).

Nach 1990 wurde Lubmin für Touristen wieder attraktiver gestaltet. Eine neue **Seebrücke** mit einer Länge von 350 Metern wurde gebaut, der Strand wurde aufgespült und verbreitert, die Strandpromenade und der Kurpark wurden erneuert. Neue Hotels und Freizeiteinrichtungen entstanden. 1999 erhielt Lubmin seine endgültige Anerkennung als Seebad. Etwa 2 000 Einwohner hat der idyllische Ort derzeit.

Wie der Teufelsstein nach Lubmin kam

Am westlichen Ortsrand liegt ein mächtiger Granitblock mit einem Volumen von 32 Kubikmetern und einem Umfang von 16,8 Metern im Bodden: der Lubminer **Teufelsstein.** Laut einer pommerschen Sage gab es Streit mit den Riesen, als die ersten Kirchen gebaut wurden. Weil sie ihre Macht nicht abgeben wollten, warf der Riese von Rügen mit einem großen Stein nach dem Kirchturm von Wusterhusen. Weil er ihn nur streifte, zersprang er. Ein Teil fiel in Konerow auf einen Acker, der zweite Teil landete vor Lubmin. Der Kirchturm von Wusterhusen hat übrigens bis heute einen Knick. Und der Stein von Konerow wurde 1920 gesprengt, weil dringend Material für den Straßenbau benötigt wurde.

Viele Jahrhunderte lang gingen die Gläubigen aus Lubmin zum Gottesdienst in die Kirche nach Wusterhusen. Erst in den 1950er-Jahren wurde eine zweite Pfarrstelle in Lubmin eingerichtet. So wurde in der Freester Straße eine der wenigen Kirchen gebaut, die überhaupt in der Zeit der DDR entstanden. Errichtet wurde ein schlichter Bau aus Mauerziegeln, der weiß verputzt wurde. Die Taufschale ist aus der Barockzeit und ein Geschenk der Wusterhusener Kirchengemeinde.

Verbindungen

Die Buslinie 518 fährt tagsüber mehrfach täglich von Greifswald nach Lubmin.

Information

Kurverwaltung Seebad Lubmin
Gästeinformation, Zimmervermittlung und Verkauf kleiner Souvenirs.
Freester Str. 8 | 17509 Lubmin | Tel. (03 83 54) 2 20 11 | www.lubmin.de | Mai Mo–Fr 9–mind. 16 Uhr, Sa 9–12 Uhr, Juni/Sep. Mo–Fr 9–mind. 17 Uhr, Juli/Aug. tgl. 9–mind. 17 Uhr, Okt.–Apr. Mo, Fr 9–12, Mi 13–16, Di/Do 13–18 Uhr

Übernachten

Pension Villa Erika
Wunderschöne Villa im Bäderstil mit zwei Doppelzimmern und zwei Ferienwohnungen, alle modern und mit viel Holz. Der Frühstücksraum ist im Jugendstil eingerichtet.
Waldstr. 4 | Tel. (03 83 54) 3 62 52 | www.villa-erika-lubmin.de | €€

Dat Sommerhus
Ferienhaus im Wald und nur 170 Meter vom Strand entfernt, großer Garten, Strandkorb, Holzböden, originell gestaltetes Bad mit freistehendem Waschbecken. Bis zu 6 Pers., ab 20 € pro Person.
Goetheweg 12 | Tel. (0 38 34) 50 99 60 | www.dat-sommerhus.de | Mai–Sep.

Lubminer Villenstraße zum Strand

Essen & Trinken

Café Villa Pommerntraum
Die Gäste werden mit einem Blick auf den Bodden und frisch gebackenen Waffeln verwöhnt. Gäste können Silber- und Bernsteinschmuck sowie Deko-Artikel, Kunst aus der Region und Liköre und Brände kaufen.
Dünenstr. 5 | Tel. (03 83 54) 33 90 40

Café und Restaurant Blaumuschel
An der Strandpromenade gelegen mit herrlichem Blick auf den Greifswalder Bodden, regionale Küche. Zu empfehlen ist der Boddenteller.
Goetheweg 8a | Tel. (03 83 54) 3 00 |
www.blaumuschel-lubmin.de |
Ab 11.30 Uhr

MS Vaterland
Das ehemalige Fahrgastschiff Baujahr 1942 liegt nach einer bewegten Geschichte in der Marina und bietet Matjes, Schnitzel und hausgemachten Kuchen an. Wer Lust hat, darf die alte Maschinenanlage im Bauch des Schiffes besichtigen.
Freesendorfer Weg 1 |
Tel. (03 83 54) 4 30 38

Gasthof Zum Knirk
Am östlichen Ortsrand am Steilufer mitten im Wald gelegen, gehört zu einer schlichten, ruhigen Ferienanlage.
Zum Knirk | Tel. (03 83 54) 2 28 38

Einkaufen

Es gibt einen **Lebensmittelmarkt** und ein kleines **Einkaufszentrum:**
Edeka mit integrierter Postfiliale
Spandowerhagener Weg 1
EInkaufszentrum mit Netto, Fleischerei, Bäcker, Friseur und Blumenladen
Wusterhusener Str. 17 |
Mo–Sa 7–20 Uhr, in der Saison auch So 13–18 Uhr

Wellness

Wellnessstudio Auszeit
Angeboten werden Ganzkörperpackungen, verschiedene Anwendungen und eine Trommelfellmassage mit Duft von Honig und Kräutern.

Eingang zum Kernkraftwerk Lubmin

Diese schöne Villa im Bäderstil wurde zur Pension „Villa Erika" umgebaut

Im Hotel am Park | Villenstr. 15 |
Tel. (03 83 54) 2 22 72 |
Di–Sa 10–18 Uhr oder nach Vereinbarung

Aktivitäten

Kernkraftwerk Lubmin, Block 6
2,5-stündige Führung mit Vortrag, das Mindestalter für die Teilnahme beträgt 14 Jahre. Der Eintritt ist kostenlos, die Anmeldung muss mindestens drei Tage vorher erfolgen, ein Ausweis ist mitzubringen.

Latzower Str. 1 |
17509 Lubmin (OT Rubenow) |
Anmeldung unter Tel. (03 83 54) 4 80 29

Reiterhof Petra Brauns
Reittrainerin und Hippotherapeutin Brauns bietet Voltigieren für Kinder ab 4 Jahren, geführte Strandritte für Kinder und Erwachsene sowie Reitunterricht an.

Wusterhusener Str. 34 |
Tel. (03 83 54) 3 64 93 |
www.ostseesattel.com

Kutsch- und Planwagenfahrten
Angeboten werden Rundfahrten durch Lubmin, Waldtouren, Tageserlebnisfahrten durch die Boddenlandschaft oder Abendfahrten. Kartenvorverkauf bei Familie Brauns am Pferdestall.

Wusterhusener Str. 34 |
www.ostseekutsche.com

Minigolf
2011 erbaute 18-Loch-Anlage an der Kurverwaltung zwischen Neptunstraße und Kreisel.

Freester Str. | Tel. (03 83 54) 2 29 49 |
In der Saison Mo–Fr 14–18,
Sa/So/Fei 11–18 Uhr

Bootsverleih Axel Vogt
Vermietet werden Tretboote, Kajaks, Segelboote. Angeboten werden Segelkurse und Schnuppersegeln.

An der Lubminer Seebrücke vor dem Rettungsturm | Tel. (03 83 54) 2 33 74 |
Mai–Sep. tgl. 10–18 Uhr

Rund um den Hafen reihen sich die gelben Arbeitsschuppen der Fischer aneinander

Freest

Maritimes Flair bietet das verträumte Fischerdorf Freest, das von Wasser und Strand, Wald und Wiesen umgeben ist. Besucher können am Hafen den Fischern bei ihrer Arbeit und den vorbeiziehenden Kuttern zuschauen.

Freest, das streng genommen als Ortsteil der Gemeinde Kröslin zählt, hat 750 Einwohner und ist wunderschön an der Mündung des Peenestroms gelegen. Das Fischerdorf hat sich bis heute seine Ruhe und Ursprünglichkeit bewahrt. Attraktive Anziehungspunkte in den Sommermonaten sind der **Sportboothafen** und der neu gestaltete **Fischereihafen** mit seinen gelb gestrichenen Fischerhütten. Hier lassen sich Besucher leckere Fischgerichte schmecken, nachdem sie am Strand entlang spaziert, eine Ausflugsfahrt gemacht oder am kleinen, feinen Strand entspannt haben.

Schon Anfang des 20. Jahrhunderts bemühte sich Freest, sich als Urlaubsort zu etablieren. Mit Erfolg: Das Fischerdorf gilt seit langem als Geheimtipp für Feriengäste, die maritimes Flair suchen, aber dem Stress und den Touristenmassen der großen Badeorte entgehen wollen. Links oberhalb des Hafen befindet sich der kleine, breite **Sandstrand,** der wegen seines guten Blicks auf Peenemünde besticht. Es gibt Strandkörbe und einen Kinderspielplatz.

Urkundlich wurde Freest erstmals 1179 als *Vrestenuiz* erwähnt, was auf Slawisch „Heidekraut" bedeutete. 1302 gelangte Freest in den Besitz des Klosters Eldena. 1897 erhielt der Ort einen Anschluss an die Kleinbahnstrecke Greifswald-Wolgast, damit der frische Fisch rasch ins Binnenland transportiert werden konnte.

Nach wie vor ist die Fischerei ein wichtiger Wirtschaftszweig in Freest. Die Genossenschaft zählt mit ihren mehr als 80 Mitgliedern zu den größten Unternehmen der Region.

Freester Teppiche

„Perser von der Ostsee" – so werden die Freester Teppiche wegen ihrer ausgezeichneten Qualität genannt. Jeder Teppich ist ein Unikat und steht in einer langen Tradition des Teppichknüpfens in einigen Fischerdörfern an der vorpommerschen Ostseeküste.

Einst entstand das Kunsthandwerk aus der schieren Not heraus. Als in der 1920er-Jahren die Fischer aufgrund von Fischmangel in der Ostsee und der Weltwirtschaftskrise verarmten, suchte das Wolgaster Landratsamt nach alternativen Erwerbsmöglichkeiten und kam auf das Knüpfen von Fischerteppichen.

Abgebildet wurden einfache Motive aus dem Alltagsleben: Wasser, Wellen, Stranddisteln, Fische und Hirsche, Boote, Anker und Möwen sowie Waldornamente, der Vogel Greif und die Kogge in geometrischen Formen und gedeckten Farben zieren die Teppiche und machen sie unverwechselbar. Für einen geknüpften Quadratmeter werden 57 600 Knoten gemacht.

Ursprünglich wurden die Freester Fischerteppiche als strapazierfähige Gebrauchsteppiche gefertigt. Heute verwendet man sie aus Wertschätzung für das Kunsthandwerk als Wandbehänge. Ein originaler Teppich kostet mehrere hundert Euro. Nur noch wenige Knüpferinnen setzen heutzutage das Handwerk fort.

Einige besonders schöne historische Exemplare können im Freester **Heimatmuseum** bewundert werden (▸ Seite 88).

Handgeknüpfte Kunstwerke: die Freester Teppiche im Heimatmuseum

Verbindungen

Von Wolgast aus fährt die Buslinie 274 über Lubmin montags bis freitags mehrfach täglich nach Freest.
www.ubb-online.com

Übernachten

Campingplatz & Ferienwohnungen Waldcamp Freest
Das Gelände grenzt unmittelbar an das *Naturschutzgebiet Peenemündung*, zum Strand sind es nur 350 Meter. Wer nicht im Zelt übernachten will, kann ein Ferienhaus, einen Bungalow oder einen Caravan mieten.
Dorfstr. 74 | 17440 Freest | Tel. (03 83 70) 2 05 38 | www.campingplatz-freest.de

Essen & Trinken

Freister Fischhus
Das Familienunternehmen bietet geräucherten Fisch und leckere Fischbrötchen direkt am Hafen an, täglich bis zu zehn verschiedene Sorten. Vakuumverpackt gibt es auch Räucherfisch zum Mitnehmen.
Am Hafen 1 | Tel. (01 73) 2 33 77 39

Aktivitäten

via Tipp **Heimatmuseum Freest**
Die Dauerausstellung umfasst sieben Räume, weitere Räume werden für Wechselausstellungen und Vorträge genutzt. Neben den Fischerteppichen werden ein altertümliches Wohnzimmer, eine Küche, ein Schlafzimmer sowie ein Schulzimmer gezeigt. In dem Haus ist auch die Touristeninformation untergebracht.
Dorfstr. 67 | Tel. (03 83 70) 2 03 39 | März–Apr./Nov.–Dez. Mo–Fr 9–14, Mai–Okt. Di–Sa 10–15 Uhr

Schiffsfahrten
Angeboten werden zwischen Mai und Oktober Rundfahrten auf dem nördlichen Peenestrom, zur Greifswalder Oie mit zwei Stunden Landgang, Robbenfahrten sowie die Fährverbindung zwischen Peenemünde, Freest und Kröslin.
Fahrgastreederei Apollo | Tel. (03 83 71) 2 08 29 | www.schifffahrt-apollo.de

Ausflug nach Peenemünde
Im Sommer legt stündlich eine Personen- und Fahrradfähre nach Peenemünde auf der Insel Usedom ab.

In der Heeresversuchsanstalt von Peenemünde wurden während der Naziherrschaft die Grundlagen des modernen Raketenbaus entwickelt. Heute befindet sich auf dem Gelände das *Historisch-Technische Museum*, das die Entwicklung der V1- und V2-Rakete veranschaulicht. Dabei werden auch die Schicksale und Lebensgeschichten von Menschen nachgezeichnet, die hier arbeiteten.

Weit weniger tragisch und auch für kleine Besucher bestens geeignet sind die Ausstellungen im *Spielzeugmuseum* und in der *Phänomenta*, wo man 250 spannende Experimente ausprobieren darf.
Fahrgastreederei Apollo (▶ Schiffsfahrten)

Spandowerhagen

Das Dörfchen Spandowerhagen liegt rund fünf Kilometer nordwestlich von Freest an der breitesten Stelle der Peenemündung und punktet mit seinen hübschen Reetdachhäusern. Attraktion für Gäste ist der *Kanuhof*, der auch ein Ort für Keramik, Kunst, Kaffee und Kuchen ist.

Aktivitäten

Kanuhof Spandowerhagen
Vermietet werden Kajaks und Kanadier. Angeboten werden zudem drei Ferienwohnungen sowie Zeltplätze.
Wiesenweg 4 | 17440 Spandowerhagen | Tel. (03 83 70) 2 06 65 | www.kanuhof-spandowerhagen.de

Kröslin

Kröslin schmiegt sich südlich von Freest in eine natürliche Bucht des Peenestroms, den Krösliner See. Im Vergleich zu Freest wirkt Kröslin moderner, der Fokus liegt auf dem Tourismus. Herzstück des Orts ist die mondäne Marina.

Anziehungspunkt für Feriengäste ist das **Baltic Sea Resort.** Zu dem weitläufigen Komplex gehören die luxuriöse **Marina,** eine Tapas-Bar und weitere Restaurants, Geschäfte, ein Wellnessbereich sowie ein Spielplatz und eine Liegewiese. Fahrräder, Ruder- und Motorboote können ausgeliehen werden. Eine ungewöhnliche Unterkunft sind die *Floating Houses,* die als schwimmende Ferienhäuser auf dem KröslinER See treiben.

Sehenswert ist die **Christophorus-Kirche,** deren Glocken seit 1995 neben dem Gebäude stehen. Wertvollstes Innenraumdekor ist ein Teppich, der die Kreuzigung Jesu darstellt.

Hollendorf & Karrin

Hollendorf an der Alten Peene besteht aus einer großen Ringstraße mit schönen alten und neuen Häusern, umgeben von Rapsfeldern und einer reizvollen Landschaft am Peeneufer.

Stille und Abgeschiedenheit erwartet den Besucher auch im Binnenland in **Karrin.** Der Ort wurde kurzzeitig berühmt, als man 1937 in einem spätwendischen Gefäß einen Münzschatz fand.

Übernachten

Ferienwohnung Zur Alten Böttcherei
Modernes, stilvolles Apartment im ersten Stock. 1 Schlafzimmer, Holzböden, Fußbodenheizung und offene Küche sowie Balkon.
Schulstr. 2 | 17440 Kröslin |
Tel. (03 83 70) 2 54 55 | €€

Aktivitäten

Ausflug nach Peenemünde
Die Fähre der *Reederei Apollo* legt auch in Kröslin ab (▸ Seite 88).

Die Fähre nach Peenemünde legt von Kröslins hochmoderner Marina ab

Boddenküste Richtung Rügen

Westlich von Greifswald finden Wanderer und Fahrradfahrer in großen Naturschutzgebieten, an abgelegenen Stränden und in beschaulichen Dörfern Erholung. Beste Aussicht auf die wunderschöne, stille Landschaft bietet der Kirchturm von Gristow.

Karrendorfer Wiesen & Insel Koos

Seit 1990 besteht das Naturschutzgebiet Insel Koos, Kooser See und Wampener Riff. Es liegt etwa fünf Kilometer nördlich von Greifswald und umfasst 1 560 Hektar. Die vom Wasser geprägte Naturlandschaft bietet sich zum Wandern und zur Beobachtung zahlreicher Küstenvögel an.

Dem Naturschutzgebiet südlich vorgelagert ist **Groß Karrendorf.** Das Dörfchen kann auf eine 700-jährige Geschichte zurückblicken, die sich im historischen Ortskern um den Dorfteich zeigt. Vor dem östlichen Ortsrand befindet sich ein Parkplatz. Von dort brechen viele zu Wanderungen in die beeindruckende Landschaft der Karrendorfer Wiesen auf, die sich über den ganzen Landzipfel im Nordwesten erstrecken.

via Tipp Karrendorfer Wiesen

Die Karrendorfer Wiesen sind ein etwa 360 Hektar großes Salzgrasland, das Anfang 2016 als „Nationales Naturerbe" aus dem Eigentum des Bundes an die *Michael Succow Stiftung* übertragen wurde. Im Rahmen eines Renaturierungsprojekts wurden die Deiche 1993/94 rückgebaut und so ein Überflutungsgebiet geschaffen, das der Natur überlassen wurde – ein Paradebeispiel für eine erfolgreiche Wiederherstellung der natürlichen Überflutungsdynamik und das **größte Ausdeichungsprojekt an der deutschen Ostseeküste.** Hier leben seltene Pflanzenarten des Salzgraslandes sowie Küstenvögel. Auf dem Deich steht ein **Vogelbeobachtungsturm,** der einen weiten Blick bis nach Lubmin und zur Insel Rügen bietet. Während des Vogelzugs können zehntausende Bläss-, Grau- und Weißwangengänse, aber auch Pfeif-, Eis- und Bergenten beobachtet werden.

Insel Koos

Die größte Insel im Greifswalder Bodden ist der 150 Hektar große **Koos,** der für die Öffentlichkeit gesperrt ist. Zwischen der Insel und dem Festland verbindet ein schmaler Gewässerarm, der **Beek,** die **Kooser Bucht** mit dem **Kooser See.** Dieser ist von Salzwiesen umgeben und durch die **Halbinsel Streng** vom Greifswalder Bodden abgeschirmt. Östlich schließen sich unter der Wasseroberfläche Sandriffe des **Wampener Riffs** an, die den See vor starkem Wellengang schützen.

Nur wenige Menschen leben auf der **Insel Koos**. Für Aufsehen sorgte im Mai 2014, dass elf Schafe auf der Insel gerissen wurden. Untersuchungen ergaben, dass ein Wolf seinen Weg auf den Koos gefunden hatte.

Einen schönen, ruhigen Naturstrand mit Wiese hat **Wampen** zu bieten. Von dem eher unspektakulären Dorf mit seinen schlichten Häusern geht es etwa 500 Meter über einen Feldweg und anschließend über einen schmalen Trampelpfad mit Wildwuchs. Als Belohnung können Besucher die Abgeschiedenheit genießen – ein Eldorado für FKK-Freunde oder für Studenten, die Ruhe zum Lernen suchen. Ab und an kommen Reiter mit ihren Pferden vorbei, um den Tieren eine Abkühlung zu gönnen.

◂ *Von der Kirche in Gristow blickt man auf die Gristower Wiek, eine Bucht in der Boddenlandschaft. Auf dem Festland gegenüber liegt das kleine Dorf Frätow*

Gristow, Fahrenbrink & Insel Riems

Westlich der Gristower Wiek, einer Bucht an der Westküste des Greifswalder Boddens, liegen die Dörfer Gristow und Fahrenbrink. Der Wiek vorgelagert ist die Insel Riems.

via Tipp Gristow: Panoramablick vom Kirchturm

Unbedingt einen Besuch abstatten sollte man Gristow mit seinen hübschen Backstein- und Fachwerkhäusern. Sehenswert ist die **Kirche,** die Ende des 13. Jahrhunderts auf einem Hügel unweit des Hafens erbaut wurde. Ihre Fertigstellung wurde durch Sturmfluten in den Jahren 1298 und 1306 verzögert, die einen Einsturz der Süd- und zum Teil der Ostwand zur Folge hatten. In dieser Zeit entstand auch die **Gristower Wiek.** Zuvor existierte an der Stelle der heutigen Bucht nur ein Bach.

Mitte des 14. Jahrhunderts wurde die Kirche schließlich fertiggestellt und nach und nach ausgestattet. Es gibt Berichte über einen großen gotischen Flügelaltar mit vierzig vergoldeten Figuren. Im 19. Jahrhundert erhielt die Kirche einen neuen steinernen **Kirchturm.** Heute können Besucher 141 Stufen hinaufklettern und dann die wunderbare Sicht genießen, die bei gutem Wetter bis Greifswald und Rügen reicht. 2002 wurde der Kirchhof neu gestaltet und die Grabsteine wurden mit Erläuterungen zur jeweiligen Todesursache ergänzt. So ist zum Beispiel zu lesen von Schwindsucht, Fieber oder Unfällen.

Nur wenige Meter entfernt liegt der kleine **Hafen,** in dem im Sommer Motor- und Segelboote auf ihren Liegeplätzen schaukeln. Hier befindet sich das Restaurant *De Fischer un sin Frau,* das bekannt ist für seinen fangfrischen Fisch und seine Räucherware. Von der Freiterrasse hat man einen schönen Blick aufs Wasser.

Südlich vom Hafen ist der **Naturerlebnispark Gristow** zu finden, direkt an der B 105. Pferde, Emus, Schafe, Ziegen – etwa 300 Tiere haben in dem etwa 70 Hektar großen Gelände ein Zuhause gefunden. Auf naturbelassenen Wanderwegen finden sich schöne Rastplätze und Aussichtspunkte mit Blick über die weiten Wiesen und die Wiek.

Essen & Trinken

Gaststätte De Fischer un sin Frau
Familie Wienholz betreibt das Fischerhandwerk in der fünften Generation. Die Speisekarte hängt vom Tagesfang ab.
Riemser Weg 39a | 17498 Mesekenhagen (OT Gristow) | Tel. (03 83 51) 3 23

Aktivitäten

Naturerlebnispark Gristow
Taststrecke, Streichelgehege, Naturlehrpfade, ein Bauerngarten und viele Tiere. Im Jugendcamp gibt es Übernachtungsmöglichkeiten im Zelt mit Lagerfeuerplatz und Grillhütte direkt am Wasser.
Wiesenweg 18a | 17498 Mesekenhagen (OT Gristow) | Tel. (03 83 51) 2 40

Naturschutzgebiet Fahrenbrink

Zwischen Gristow und Riemserort liegt **Fahrenbrink,** ein dreißig Hektar großes **Naturschutzgebiet.** Die Halbinsel entstand als kleine Grundmoräneninsel während der letzten Eiszeit und wird seit den 1990er-Jahren wegen ihrer Weidelandschaft mit Salzgrasland und den umgebenden Ufer- und Flachwasserbereichen geschützt. Das Gebiet darf nicht betreten werden. Vom erhöht liegen-

Kanu im Hafen von Gristow

den Parkplatz am Ortseingang von Riemserort hat man aber einen guten Aussichtspunkt. Im Herbst und Winter rasten hier wegen der vor Wind und Wellenschlag geschützten Lage zehntausende Wasservögel wie Berg- und Reiherenten, Schwäne sowie der Austernfischer. Zudem wurden 281 Nachtfalterarten nachgewiesen.

Für Besucher verboten: Insel Riems

Der Weg zur Insel Riems führt zunächst durch **Riemserort,** einer Garten-Wohnsiedlung, die in den 1950er-Jahren errichtet und jetzt mit 18 Millionen Euro saniert werden soll. Mehr als 1 000 Einwohner hatte der Ort einst, viele waren beim Forschungsinstitut angestellt. Zurzeit leben hier nur noch etwa 450 Menschen.

Von Riemserort führte seit den 1970er-Jahren ein etwa 500 Meter langer, aufgeschütteter Straßendamm zur **Insel Riems.** 2007 wurde der Damm auf einer Länge von dreißig Metern wieder geöffnet, denn die fehlende Frischwasserzufuhr hatte zu einer Sauerstoffverknappung in der Gristower Wiek geführt.

Auf der Insel Riems steht die älteste virologische Forschungsstätte der Welt. Sie wurde von Friedrich Loeffler ab 1910 aufgebaut. In der NS-Zeit forschte man in den Labors an Biowaffen, in der DDR an Impfstoffen. Seit 1997 befindet sich hier der **Hauptsitz des Friedrich-Loeffler-Instituts.** Der Bund investierte 300 Millionen Euro in insgesamt 89 Labore und 163 Ställe. Erforscht werden Tierseuchen wie Schweinepest und Krankheiten, die vom Tier auf den Menschen übertragen werden.

Für Besucher ist die Insel gesperrt, aber es lohnt sich ein Blick vom Damm aufs Wasser. Rechter Hand liegt übrigens ein kleiner, naturbelassener Strand.

Stahlbrode

Das Fischerdörfchen Stahlbrode empfängt seine Besucher mit hübschen, reetgedeckten Bauernhäusern und einem großen Hafen. Nicht zufällig wird der Ort das „Tor zur Insel Rügen" genannt. Von hier bringt die Autofähre im 20-Minuten-Takt Besucher auf Deutschlands größte Insel.

Von den Hansestädten Greifswald und Stralsund ist Stahlbrode jeweils etwa 15 Kilometer entfernt. Das Dorf gehört zur Gemeinde Sundhagen und liegt landschaftlich reizvoll an der vorpommerschen Boddenküste am Westufer des Greifswalder Boddens. Wer keine Lust hat auf den Trubel auf Rügen, bleibt hier und genießt den Wechsel aus weitläufigen Schilfgebieten, Wäldern und Wiesen. Die Gegend ist ideal zum Wandern, Fahrradfahren und Wasserwandern. Surfer finden in den Flachwassergebieten ein gutes Revier, das Anfängern sehr entgegenkommt.

Der **Fährverkehr** von Stahlbrode nach Rügen hat eine lange Tradition: Bereits 1337 wird der Hafen als Fähranstalt nach Rügen genannt. Neun Jahre später verkauft die Familie von Slavestorp ihre Anteile am Ort an den Rat der Stadt Greifswald und an die Vorsteher des Hospitals zum Heili-

Haus in der regionaltypischen Reetdach-Bauweise

gen Geist. Bei einer Bestandsaufnahme 1670 wohnen fünf Vollbauern in Stahlbrode. Außerdem drei Kossaten und drei Katenleute.

1687 bittet der Fährmann die Stadt Greifswald, die bislang alleiniger Besitzer der Fähre ist, ihm dabei zu helfen, ein großes Fährboot zu erwerben. Seine beiden Boote waren ihm zuvor während des Schwedisch-Brandenburgischen Krieges ohne Entschädigung weggenommen worden. 1880 ist der Fähranleger 130 Meter lang und massiv ausgebaut. Bis 1920 wird eine Hafenmole gebaut.

Nach 1945 wird der Fährverkehr eingestellt und erst 1994 durch die *Weiße Flotte* wieder aufgenommen. Seitdem hat sich Stahlbrode dem Tourismus verschrieben. Am Hafen werden frischer Fisch und Räucherspezialitäten angeboten. Es gibt Liegeplätze für Motor- und Segelboote. Wer Lust hat, kann ein Boot ausleihen und über den Bodden schippern.

Verbindungen

Von Greifswald nach Stahlbrode fährt von Montag bis Freitag zweimal täglich die Buslinie 506. Mit dem Auto gelangt man über die B 105 dorthin.

Übernachten

Campingplatz Stahlbrode
Naturbelassen und idyllisch zwischen zwei Küstenwäldchen gelegen. Einfache Bungalows für drei Personen ab 35 Euro. Fr/Sa werden Massagen angeboten.
Küstenweg 8 | 18519 Stahlbrode | Tel. (03 83 28) 48 99 08 | www.naturcamping-stahlbrode.de

Essen & Trinken

Fährhaus Stahlbrode
Direkt am Hafen gelegen, wunderbarer Blick auf den Strelasund und die Küste Rügens. Fisch und Fleisch, aber auch vegetarische Gerichte stehen auf der Speisekarte.
Am Sund 5 | Tel. (03 83 28) 6 51 44 | Di–Sa 11.30–21, So 11.30–18 Uhr

Einkaufen

Hofladen LandWert
Hochwertige Lebensmittel wie Wurst- und Schinkenspezialitäten werden angeboten. Zudem entstehen Produkte wie Fruchtaufstriche in der Feinkost-Manufaktur um Küchenmeister Mirko Seeck. In 32 Hochbeeten wachsen viele verschiedene Kräutersorten, darunter auch Raritäten wie die breitblättrige Platterbse.
Hof 1 | Tel. (03 83 28) 6 51 10 | Fr 11–18, Sa 10–17 Uhr, Café im Gutshaus Sa/So/Fei 12–17 Uhr

Aktivitäten

Ausflug nach Rügen
Eine schöne Tagestour, für die allerdings ein Auto nötig ist. Mit der Fähre geht es in 20 Minuten zum südlichen Zipfel der Insel Rügen nach Glewitz. Nun hat man die Wahl: im südlichen Teil der Insel bleiben und die ruhigen Orten Garz und Putbus kennenlernen? Im Nordosten die eleganten Seebäder Sellin, Binz, Baabe und Göhren mit ihren weißen Stränden genießen? Den Weg nach Norden zur malerischen Hafenstadt Sassnitz einschlagen? Oder noch weiter nördlich den Königsstuhl mit den spektakulären Kreidefelsen erwandern, die Caspar David Friedrich in einem Gemälde verewigt hat?
Von Apr.–Okt. tgl. Pendelverkehr im 30- bzw. 20-Minuten-Takt zwischen 6 und 21.30 Uhr (Sep./Okt. bis 20 Uhr)

Bootsverleih
Führerscheinfreie Angelboote für bis zu 4 Personen, pro Tag 54 Euro.
Am Sund 2 | Tel. (01 73) 2 16 91 31

Sehenswertes im Hinterland

Das Hinterland zeigt sich abwechslungsreich: Kulturbegeisterten sei ein Besuch des Schlosses Griebenow empfohlen, Erholungssuchende durchstreifen die kleinen Dörfer oder machen sich mit dem Kanu ins Peenetal auf, das die Natur zurückerobern durfte.

via Tipp Schloss Griebenow

Wunderschön gelegen ist das Barockschloss Griebenow in der Gemeinde Süderholz etwa 12 Kilometer von Greifswald entfernt. Das Ensemble gilt als architektonische Meisterleistung mit einem hohen kulturhistorischen Wert.

1219 gründete das Zisterzienserkloster Hilda (später Eldena) das Gut, urkundlich erwähnt wird es allerdings erst 1248 zu ersten Mal. In der ersten Hälfte des 14. Jahrhunderts gab das Kloster den Besitz wahrscheinlich auf. 1343 werden in einem Bederegister mehrere Lehensnehmer genannt, unter ihnen die Familie von Rausche.

Im Dreißigjährigen Krieg fiel das Gut an die schwedische Krone. 1653 ließ der Lehensherr und Kammerpräsident Vorpommerns, Gerdt Anton Rehnskiöld, die einzigartige Schlosskapelle als 15-eckigen Zentralbau errichten. Dort wurde er mit seinen nächsten Angehörigen in der Familiengruft beigesetzt. Die orangerote Kapelle ist eines der wenigen verbliebenen Zeugnisse des protestantischen Kirchenbaus in Schwedisch-Pommern.

1706 wird ein neu angelegter Lustgarten mit der Lindenallee als ausgebildeter Hauptachse und der rechteckigen Insel im Schlossteich erwähnt. Der Park umfasst 14 Hektar und lädt heute zu ausgedehnten Spaziergängen ein.

In der ersten Hälfte des 19. Jahrhunderts wurde die Fassade des Schlosses mit Zierelementen des Klassizismus versehen und ein Ehrenhof mit einer vierreihigen Kastanienallee, dem Wirtschaftsgebäude und dem Marstall angelegt.

Zu DDR-Zeiten wurde das Schloss als Außenstelle der Greifswalder Universitätskliniken für Tuberkulose-Kranke genutzt, später dann als Pflegeheim. Wegen Geldmangels verfiel das Schloss zunehmend, 1988 wurde es wegen Baumängeln freigezogen.

Mit neuem Konzept in die Zukunft

Seit 2003 ist ein Verein Eigentümer des Schlosses und betreibt es als **kulturelles Begegnungszentrum.** Ausstellungen, Konzerte, Märkte und Malzirkel locken jedes Jahr mehr als 10 000 Besucher an. Das Schloss kann auch für Hochzeiten und Feste gemietet werden. Im **Café** wird leckerer selbst gebackener Kuchen angeboten. Kleiner Tipp: Wenn man auf das Schloss zugeht, befinden sich vorne links vor dem Gebäude in den Sträuchern auch ein paar saftige Brombeeren. Wer zuerst kommt, erntet!

Von Greifswald aus bietet sich eine **Fahrradtour** zum Schloss an, die an Feldern entlang und durch die kleinen Dörfer des Hinterlandes führt (▸ Entdeckertour 6, Seite 112).

Schlossweg 3 | 18516 Süderholz | Tel. (03 83 32) 8 03 | Café und Ausstellungen Okt.–März Mo–Fr 12–16, Sa/So 14–16 Uhr, Apr.–Sep. Mo–Fr 12–16, Sa/So 14–17 Uhr, Laden an der Remise Sa/So 13–17 Uhr

Verbindungen

Das Schloss ist gut über die B 109 erreichbar (Fahrzeit circa 17 Minuten). Wer mit dem Auto kommt, parkt bequem auf einem großen Parkplatz vor der Schlossanlage.

◂ Der liebevoll restaurierte „Wasserbahnhof" in Loitz bietet sich als Rastplatz für Wassersportler an. Hier ist das Restaurant „Korl Loitz" untergebracht

Behrenhoff, Klein Zastrow & Dersekow

Etwa zwölf Kilometer südlich von Greifswald liegt die 800-Einwohner-Gemeinde **Behrenhoff,** die wegen ihrer **denkmalgeschützten Parkanlage** bekannt ist.

Am 8. Mai 1945 brannte das mehr als hundert Jahre zuvor erbaute **Herrenhaus** ab. Im Dritten Reich hatten in dem Herrenhaus Vorlesungen des evangelischen Theologen und Widerstandskämpfers Dietrich Bonhoeffer stattgefunden. Erhalten geblieben sind nur noch ein paar Mauerreste, die leider keinen Eindruck vermitteln können, wie prachtvoll das zweigeschossige, langgestreckte Schloss einst war.

Der **Landschaftspark,** angelegt nach Plänen von Gartenbauarchitekt Peter Joseph Lenné, hat eine Fläche von etwa zehn Hektar und wird durch die Dorfstraße zweigeteilt. Im südlichen Teil liegt der große Schwanenteich. Der Eingang zum nördlichen Teil führt durch das um 1900 errichtete **Bärentor.** Sehenswert sind **Friedhof** und **Kirche** auf der rechten Seite. Der **Glockenstuhl** steht außerhalb des Gotteshauses, dessen Turm 1831 wegen Baufälligkeit abgerissen wurde. Im Innern der Kirche beeindrucken mittelalterliche Wandmalereien.

Bärentor im Park von Behrenhoff

Wenige Kilometer nordwestlich von Behrenhoff befindet sich **Klein Zastrow.** Dort liegen malerisch an einem Teich das wunderschöne **Herrenhaus** sowie das frühere **Taubenhaus** mit seinem achteckigen Obergeschoss. Zu DDR-Zeiten diente das Gutshaus als Schule, nach der Wende wurde es saniert. Ein Spaziergang durch das gut erhaltene Gutsdorf mit seinem Kopfsteinpflaster und den Tagelöhnerhäusern lohnt sich.

Kurz hinter Klein Zastrow erstreckt sich der **Dersekower Os.** Der bahndammartige Wall entstand in der Eiszeit, als sich hier Sedimente ablagerten. Die Bezeichnung leitet sich vom schwedischen Begriff *Ås* für Hügel ab.

Sehenswert ist das Ensemble aus Dorfkirche, Pfarrhaus und Friedhof im Zentrum von **Dersekow.** Das Dorf gehörte seit 1634 zum Besitz der Universität Greifswald. Auf dem Friedhof wächst eine mächtige Linde. Es wird vermutet, dass der etwa fünf Jahrhunderte alte Baum eine **Gerichtslinde** war, unter dem das Dorfgericht und Ratsversammlungen abgehalten wurden. Mehrere Kalksteinstelen aus dem 18. und 19. Jahrhundert erinnern an die Begräbniskultur in der Vergangenheit. Später setzte man gusseiserne Grabkreuze.

Die trutzige **Feldsteinkirche** wurde bereits um 1400 fertig erbaut. Im 19. Jahrhundert wurde die Kirche im neugotischen Stil renoviert, davon zeugt der Innenraum mit seiner neugotischen Kanzel.

Renaturierung des Peenetals: ein erfolgreiches Großprojekt des Naturschutzes

Peenetal

Das Peenetal gilt als Geheimtipp und Paradies für Wasserwanderer, denn der Fluss ist weder durch Stauen noch Wehre reguliert, nur wenige Abschnitte wurden begradigt und lediglich in städtischen Bereichen wurden die Ufer befestigt. Feuchtwiesen, Torfstiche und Flachwasserseen ergänzen das Mosaik aus verlandeten Gräben, Bruchwäldern, Nieder- und Quellmooren.

Der „Amazonas des Nordens" – so wird die Peene genannt. Der Fluss, einer der letzten unverbauten Deutschlands, erstreckt sich über 85 Kilometer vom Kummerower See bis östlich von Anklam, wo er in den Peenestrom mündet. Er ist der drittlängste Fluss in Mecklenburg-Vorpommern. Ruhig windet sich die Peene mit ihrem geringen Gefälle von insgesamt nur 24 Zentimetern ohne nennenswerte Eigenströmung durch großräumige Moorlandschaften.

Naturschutz als Großprojekt

Von 1992 bis 2009 wurde im Peenetal mit einer rund 20 000 Hektar großen Kernzone und einer ebenso großen sogenannten Projektzone **ein Naturschutzprojekt umgesetzt,** das zu den größten in Deutschland zählt. Geschaffen wurde eines der größten zusammenhängenden **Niedermoorgebiete** Mittel- und Westeuropas. Bund und Land stellten in 17 Jahren mehr als 27 Millionen Euro an öffentlichen Geldern zur Verfügung. Ziel des Projekts war die Renaturierung des Wasserhaushalts. Im natürlichen Zustand war das Peenetal einst von einer weitgehend baumfreien, braunmoosreichen Seggenried-Vegetation – also einer hauptsächlich mit Sauergräsern bewachsenen Feuchtfläche – geprägt. Die Erfolge der Renaturierung des Peenetals zeigen sich in der Flora und Fauna: Viele hochgefährdete Arten haben sich wieder angesiedelt und breiten sich aus. Das gesamte Peenetal ist als EU-Schutzgebiet ausgewiesen.

Seltene Tiere & Pflanzen im Peenetal

Die Niedermoorvegetation zeichnet sich durch verschiedene **Seggen-Arten** aus wie Schwarzkopf-Segge, Buxbaums Segge, aber auch Niedrige Birke und Mehlprimel. **Ostsee-Knabenkraut** und **Baltisches Knabenkraut** kommen deutschlandweit nur im Peenetal vor. In den Sumpfwiesen wachsen Kümmel-Silge, Sumpf-Läusekraut, Fliegen-Ragwurz und Sumpfsitter. Auch Moor-Reitgras und der Blaue Tarant gedeihen hier. Außerdem gibt es rund **750 Farn- und Blütenpflanzen,** von denen 180 Arten landesweit als gefährdet gelten.

Etwa 40 Säugetierarten leben in dem Gebiet, 16 davon gelten in Mecklenburg-Vorpommern als gefährdet. Bekannt ist das Peenetal durch seine großen flächendeckenden **Fischotter-** und **Bibervorkommen.** Beide Arten sind über das ganze Gebiet verbreitet, wie groß der Bestand ist, weiß man nicht. Die Spuren der Biber-Fraßtätigkeit finden sich oft auch in ortsnahen Bereichen. Europaweiten Schutz genießt die seltene **Mopsfledermaus,** die in der Dämmerung nach Käfern, Nachtfaltern und Mücken jagt.

Rund 160 Brutvogelarten sind erfasst, davon sind etwa dreißig europaweit geschützte Arten wie die **Rohrdommel,** das **Tüpfelsumpfhuhn** oder der **Große Brachvogel.** Neben **Fisch-** und **Seeadler** ist auch der seltene **Schreiadler** anzutreffen. Besonders sind auch das Auftreten von **Weißbartseeschwalbe** und **Stelzenläufer.** Für den Vogelzug und als Rast- und Nahrungsplatz kommt dem Peenetal eine besondere Bedeutung zu. Entenvögel, Gänse, Schwäne, Kiebitze, Rallen, Taucher und Seggenrohr-

Marktplatz von Loitz

sänger werden als Durchzügler registriert.

Viele seltene Fischarten wie **Flussneunauge** und **Steinbeißer** sind ebenfalls anzutreffen, die Peene gilt als einer der fischartenreichsten Flüsse in Deutschland. Langfristig soll der **Lachs** wieder angesiedelt werden.

Die genaue Anzahl der großen Gruppe der Wirbellosenarten ist unbekannt. Von überregionaler Bedeutung ist das Vorkommen des **Großen Feuerfalters,** der in seiner hiesigen Unterart deutschlandweit sein Hauptvorkommen hat, und des **Metries-Laufkäufers,** der soweit bekannt nur im Peenetal lebt.

Die Talhänge präsentieren sich vor allem im späten Frühjahr und Frühsommer artenreich und bunt. Es wachsen Pech-Nelken, Stengellose Kratzdisteln, Berg- und Zickzack-Klee, Wiesenmargerite und Schlüsselblumen sowie der Kleine Wiesenknopf. Seltene Pflanzen sind die **Färber-Hundskamille,** der **Weidenblättrige Alant** und die **Kuhschelle.** In den Feuchtwiesen wachsen bis zu **zwölf Orchideenarten.**

Mit dem Rad auf dem Peenetal-Rundweg

Perlschnurartig reihen sich am Fluss entlang Wasserwanderrastplätze, Stadthäfen und Marinen. Bei zahlreichen Anbietern können Kanu, Floß, Water-Bike, Solarboot oder Fahrrad ausgeliehen werden. Zudem gibt es geführte Wanderungen zu Wasser und zu Lande. Noch liegt der Schwerpunkt auf dem **Wassertourismus,** aber das **Rad-** und **Wanderwegenetz** soll weiter ausgebaut werden.

Radwanderer können den 132 Kilometer langen **Peenetal-Rundweg** absolvieren. Startpunkt ist Malchin, von dort schlängelt sich der Weg am Westufer des Kummerower Sees entlang nach Salem, Neukalen und weiter durch Dargun bis Demmin. Die Hansestadt liegt im fischreichen „Dreistromland" von Peene, Tollense und Trebel. Vor Loitz überquert man die älteste Handdrehbrücke Europas und fährt anschließend durch die Bruchwälder der Peene. Vorbei an Dörfen und Peenewiesen erlebt man das Peenetal mit seinen Sümpfen und Altwasserarmen in all seiner Vielfalt. Der Radweg folgt den Flusswindungen zurück bis zum Kummerower See.

Informationen zum Peenetal-Rundweg mit Karte unter: www.auf-nach-mv.de/radweg-peenetal-rundweg

Essen & Trinken

Wasserbahnhof Loitz

Im liebevoll restaurierten Wasserbahnhof befindet sich das Restaurant *Korl Loitz.*

Mühlentorvorstadt 10 | 17121 Loitz | Tel. (03 99 98) 1 87 04 | Di–So 11–22 Uhr

Aktivitäten

Abenteuer Flusslandschaft

Kranichbeobachtung im Peenetal, Paddeln, Peenesafari im Solarboot, Krabbenfahrt oder Moorwanderung – die ein- oder mehrtägigen Angebote sind vielfältig.

Netzwerkzentrale | Werftstr. 6 | 17389 Anklam | Tel. (0 39 71) 24 28 39 | www.abenteuer-flusslandschaft.de

Kanustation & Naturparkinfo Verchen

Peenesafari, Kanutouren mit Rücktransfer, Sonnenuntergangstouren und Naturerlebnisführungen im Solarboot, Fahrradverleih.

Seestr. 7 | 17111 Verchen | Tel. (03 99 94) 74 99 37 | abenteuer-peenetal.com

Auf der Tour nach Wolgast kommen wir auch an der „Galerie Weidenrute“ in Neu Boltenhagen vorbei ▸ Seite 110

Entdeckertouren

Tour 1: Spaziergang von Greifswald nach Wieck entlang des Ryck

Tour im Überblick

Charakteristik: Leichter Spaziergang am Ryck entlang

Start & Ziel: Greifswalder Hafen

Strecke: Greifswalder Hafen – Wieck – Wiecker Klappbrücke – Bugenhagenkirche – Greifswalder Hafen

Entfernung: ca. 9 Kilometer (hin & zurück)

Dauer: ca. 3 Stunden

Alternative Rückfahrt: Buslinie 2 von *Wieck, Brücke* nach Greifswald (alle 15 Min.)

Einkehrtipp: Restaurantschiff *Pomeria* (▸ Seite 61)

Ein entspannter Spaziergang vom Museumshafen immer am Ryck entlang lässt die Vorstellung wieder aufleben, wie hier früher Treidler die Schiffe zogen. In Wieck belohnen sich die Ausflügler mit leckeren Fischgerichten.

Wir starten am **Greifswalder Hafen** auf der südlichen Seite des Ryck. Sanft schaukeln die Schiffe des Museumshafens im Wind, während wir in östliche Richtung gehen. Auf der rechten Seite landeinwärts stehen moderne Stadtvillen oder sind im Bau. Angler sind die Böschung hinuntergeklettert und beobachten ihre Angelruten. Auf dem Ryck gleiten im Sommer die Segelboote entlang. Bald gibt es keine Häuser mehr, der Weg wird schmaler. Alle paar Meter lädt eine Bank mit Blick aufs Wasser

Die Klappbrücke in Wieck wird zu jeder vollen Stunde für Schiffe geöffnet

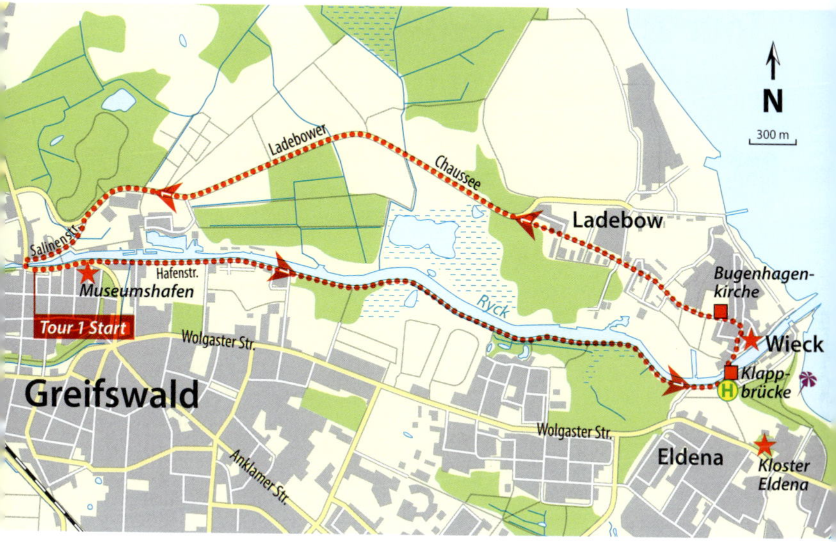

zum Verweilen ein. Jogger und Radfahrer sind bei gutem Wetter unterwegs, genauso wie Spaziergänger. Im Gras sitzen Pärchen und picknicken. Knorrige Obstbäume säumen den Weg. Der Ryck schlängelt sich durch die Landschaft, auf der linken Seite flankiert von einem Schilfgürtel. Nach etwa vier Kilometern erreichen wir Wieck. Direkt hinter dem *Hotel Zur Brücke* geht ein schmaler Weg ab. Schilder verweisen bereits auf das kulturelle Highlight, das wir kurze Zeit später erreichen: Die verwunschene Ruine von **Kloster Eldena** (▸ Seite 75) zählt zu den wichtigsten Sehenswürdigkeiten der Region und lohnt die Besichtigung allemal.

Anschließend geht es über die **Klappbrücke** ins historische Zentrum von Wieck. Der Weg führt durch die kopfsteingepflasterte Dorfstraße, vorbei an tief geduckten Bauernhäusern, oft reetgedeckt, bis es links abgeht in die Kirchstraße. Eine Stippvisite in der **Bugenhagenkirche** (▸ Seite 73) empfiehlt sich, der neuromanische Kirchenbau wurde nach dem Reformator Johannes Bugenhagen benannt. Wer nun müde ist, läuft zurück zur Klappbrücke. Dort befindet sich die Haltestelle der Buslinie 2 nach Greifswald. Alle anderen spazieren die Max-Reimann-Straße mit ihren gepflegten Einfamilienhäusern entlang. Neben der Ladebower Chaussee verläuft ein breiter Rad- und Fußgängerweg, den wir nutzen.

Von Weitem sehen wir bereits Greifswald mit den aufragenden Kirchtürmen. Nach etwa vier Kilometern erreichen wir über die links abzweigende Salinenstraße eine Terrasse am Wasser mit Getränkeausschank und kleinen Fischbuden am Nordufer des Ryck (▸ Seite 61), wo wir uns zum Abschluss der Tour mit einem leckeren Fischbrötchen stärken. Die Fußgängerbrücke bringt uns anschließend wieder zum Ausgangspunkt unserer Tour, dem **Greifswalder Hafen.**

Tour 2: Radtour von Greifswald zum Seebad Lubmin

Tour im Überblick

Karte: ▸ Seite 109

Charakteristik: Bequeme Radtour auf Asphalt und zwischendurch einem kurzen Stück Waldweg

Start & Ziel: Greifswalder Hafen

Strecke: Greifswald – Kemnitz – Neuendorf – Ludwigsburg – Gahlkow – Vierow – Lubmin

Entfernung: ca. 58 Kilometer (hin & zurück)

Dauer: ca. 7 Stunden

Einkehrtipp: *Boddenblick* in Ludwigsburg (▸ Seite 79)

Tipp: Kombinierbar mit Tour 4

Hohe Alleen, ein bewaldetes Naturschutzgebiet mit besten Aussichten aufs Wasser, gemütliche Fischerhäuser und eine sehenswerte Seebrücke: Diese Tour zeigt die außergewöhnlich reizvolle Landschaft östlich von Greifswald.

Wir fahren in **Greifswald am Hafen** los. Auf der rechten Seite führt ein geteilter Rad-Fußgänger-Weg am Wasser entlang. Wir folgen dem Hansering nach rechts und biegen dann in die Wolgaster Straße ein. Es geht vorbei am Kletterwald, dem Stadion, der Feuerwehr und Kleingärten. Im Ortsteil Eldena steht auf der linken Seite die rekonstruierte Bockwindmühle (▸ Seite 76). Die Klosterschenke mit Biergarten lockt wenige Meter weiter zur Einkehr, ebenso wie ein Eiscafé. Kurz darauf passieren wir die berühmte **Klosterruine** (▸ Seite 75).

Wir lassen Eldena hinter uns und fahren auf einem Radweg weiter, der durch einen Grünstreifen von der Straße abgetrennt wird. Die Fahrt geht neben Feldern und Bäumen entlang, der Radweg ist wegen seiner glatten Fahrbahn auch für Skater ausgezeichnet geeignet. Im Sommer empfiehlt sich ein guter Sonnenschutz, da es keine Bäume gibt, die Schatten werfen könnten.

Am Ortseingang von **Kemnitz** befindet sich linker Hand ein großer Bauernhof mit Kühen. Wir fahren auf der Oberen Dorfstraße ein kleines Stück auf Kopfsteinpflaster entlang, dann folgen wir der Dorfstraße rechts über eine Brücke und gelangen zur Kirche. Kurz davor lädt ein schattiger Rastplatz zum Verweilen ein. Nachdem wir neue Kräfte getankt haben, folgen wir dem Radweg neben der Dorfstraße nach links, vorbei an einigen Reetdachhäusern. Im Kreisverkehr zeigt ein Schild für Radfahrer die Richtung Ludwigsburg/ Lubmin an. Der Radweg führt auf der rechten Seite geradeaus weiter parallel zur Straße. Er ist breit und asphaltiert. Vor **Neuendorf** muss man die Straßenseite wechseln, um nach links in die Dorfstraße abzubiegen. Auf der Dorfstraße durchfahren wir Neuendorf, um nach 3,5 Kilometern **Ludwigsburg** zu erreichen. Hier lohnt sich ein Besuch des **Schlosses.** Die Fahrt durch den idyllischen Ort mit Backsteinhäusern, kleinen Verkaufsständen mit Obst, Gemüse oder auch mal ausgemusterten Büchern führt weiter auf einer breiten Allee mit hohen Bäumen (Strandweg). Links bietet sich ein malerischer Blick auf die **Dänische Wiek.** Der Wegesrand lädt zum Rasten ein. Wir fahren an einem Kassenhäuschen vorbei bis zum Naturstrand. Hungrige kehren ins Restaurant *Boddenblick* ein.

Anschließend fahren wir auf den Waldweg, der rechts abgeht und durch das **Naturschutzgebiet Lanken** führt. Immer wieder gibt es kleine Stichwege zum Strand. Der Sand ist hier weiß und feinkörnig, der Blick aufs Wasser atemberaubend, der Sonnenuntergang auch. Wenn eine ordentliche Brise weht, sind zahlreiche Kiter zu beobachten. Vor der Loissiner **Bungalowsiedlung** fahren wir rechts landeinwärts bis zum Weg Am Fischerhaus, der uns bis zur Kiteschule im *Ferien- und Freizeitpark Loissin* und dem sehenswerten Loissiner Fischerhaus bringt. Auf dem asphaltierten Boddenweg fahren wir weiter nach **Gahlkow.** Von dort geht es auf dem ausgeschilderten Fahrradweg zunächst neben der Weststraße und dann neben dem Gahlkower Weg entlang fünf Kilometer nach Lubmin.

Nach zwei Kilometern erreichen wir zunächst das kleine Dorf **Vierow** mit seinen Reetdachhäusern. Wir biegen von der Hafenstraße links ab Richtung Lubmin. Der Fahrradweg verläuft neben der Fahrbahn und ist breit und glatt asphaltiert.

In **Lubmin** (▸ Seite 80) biegen wir links ein in die Wusterhusener Straße und fahren Richtung Strand. An der Gemeindeverwaltung biegen wir links ein in die Villenstraße, bis wir rechts in die Dünenstraße gelangen. Von dort geht links ein Weg zur Seebrücke ab. Ein Sprung ins Wasser oder der Besuch eines Cafés zur Erholung sind jetzt genau das Richtige.

Anschließend geht es über dieselbe Route zurück nach **Greifswald.**

Der Weg führt hinter dem Naturschutzgebiet Lanken an einem Rapsfeld entlang

Tour 3: Mit dem Rad unterwegs von Lubmin bis Kröslin

Tour im Überblick

Charakteristik: Gut zu bewältigende Radtour auf Asphalt- und Waldwegen mit leichter Steigung vom Freester Hafen in den Ort

Start & Ziel: Seebrücke Lubmin

Strecke: Lubmin – Spandowerhagen – Freest – Kröslin

Entfernung: ca. 26 Kilometer (hin & zurück)

Dauer: ca. 4 Stunden

Einkehrtipp: *Kanuhof Spandowerhagen* (▸ Seite 88)

Im Zeichen des Meeres steht diese Tour: Vom wunderschönen Seebad Lubmin radeln wir in das Fischerörtchen Freest bis zur modern ausgebauten Marina in Kröslin.

Von der **Seebrücke in Lubmin** (▸ Seite 80) geht es über die Villenstraße vorbei an der Gemeindeverwaltung und auf der Wusterhusener Straße am Ortsende links auf die Landstraße. Ein breiter Radweg verläuft neben der Straße, die von hohen Bäumen gesäumt wird. Stellenweise führt der Weg durch den Wald.

Am **Kernkraftwerk** Lubmin (▸ Seite 82) wird der Radweg sehr schmal und zuweilen kommen einem Radfahrer und Fußgänger entgegen. Am Ende des Kraftwerks verbreitert sich der Weg wieder.

Auf vier Kilometern fahren wir unter schattigen Bäumen bis Freest. Unterwegs machen wir einen Abstecher ins Dorf **Spandowerhagen** zum *Kanuhof*. In der dazugehörenden Galerie gibt es neben Arbeiten regionaler Künstler und Kunsthandwerker auch Kaffee und Kuchen zur Stärkung.

In **Freest** (▸ Seite 86) ist das **Heimatmuseum** am Ortseingang gegenüber dem Campingplatz ein lohnenswertes Ziel. Dort werden neben Gegenständen des alltäglichen Lebens aus der Vergangenheit auch die berühmten Freester Teppiche ausgestellt (▸ Seite 87). Nach der Besichtigung locken leckere Fischgerichte am Hafen.

Wir fahren auf dem geteilten Fußgänger-Radweg, bis uns ein großes Schild darauf aufmerksam macht, dass wir die Straße überqueren müssen, um links zum **Hafen** mit seinen malerischen gelb gestrichenen Fischerschuppen zu gelangen. Die typischen roten Markierungswimpel der Fischer flattern im Wind. Von hier aus können auch Bootstouren unternommen werden. Mit einem Fischbrötchen in der Hand setzen wir uns an den Strand und genießen den Blick auf das Wasser. Fischerboote laufen ein und aus, die Sicht reicht bis nach Peenemünde auf der Insel Usedom.

Vom Hafen fahren wir wieder hoch und etwa drei Kilometer auf der Freester Straße nach **Kröslin** (▸ Seite 89). Dort beeindrucken die große Werft und die Marina, die 500 Liegeplätze für Schiffe hat. Die noble Ferienanlage des *Baltic Sea Resort* bietet alles, was das Urlauberherz begehrt. Besonderes Highlight ist eine Fahrt mit einem 300 PS starken Speedboot.

Greifswalder Bodden
Usedom
Koos
Kooser See
Wampen
Neuenkirchen
Tour 2 Start
Greifswald
Greifswald Süd
Bockwindmühle
Klosterruine
Dänische Wiek
NSG Lanken
Bungalowsiedlung
Schloss
Ludwigsburg
Loissin
Gahlkow
Vierow
Neuendorf
Kemnitz
Kirche
Tour 3 & 4 Start
Seebrücke
Seebad Lubmin
Kirche
Wusterhusen
Gustebin
Pritzwald
Rubenow
Kernkraftwerk
Kanuhof Spandowerhagen
Infozentrum KKW
Heimatmuseum
Freest
Kröslin
Peenemünde
Peenemünde
Peenestrom
Groß Ernsthof
Kirche
Neu Boltenhagen
Lodmannshagen
Kühlenhagen
Katzow
Skulpturenpark
Pritzier
Wolgast
Rathaus
Wolgast Fähre
Wolgast Hafen
Wolgast
Hohendorfer See
Hohendorf
Weitenhagen
Diedrichshagen
Hanshagen
109
111
N
1 km

Tour 4: Radtour von Lubmin zum „Tor von Usedom"

Tour im Überblick

Karte: ▸ Seite 109

Charakteristik: Leichte Radtour auf Radwegen, Asphalt und ruhigen Feldwegen

Start: Seebrücke Lubmin

Ziel: Wolgast

Strecke: Lubmin – Wusterhusen – Gustebin – Neu Boltenhagen – Katzow – Pritzier – Hohendorf – Wolgast

Entfernung: ca. 46 Kilometer (hin & zurück)

Dauer: ca. 6 Stunden

Alternative Rückfahrt: Mit der UBB stündlich von Wolgast nach Greifswald

Einkehrtipp: *Konditorei Biedenweg* in Wolgast

Tipp: Kombinierbar mit Tour 2

Von Lubmin geht's ins reizvolle Landesinnere: über hübsche Dörfer, sanfte Wiesen und Felder sowie einen beeindruckenden Skulpturenpark bis zur historischen Altstadt von Wolgast.

Wir fahren zunächst vor der **Seebrücke von Lubmin** (▸ Seite 80) mit herrlichem Blick aufs Wasser in westliche Richtung, bis wir links in die Villenstraße einbiegen. Auf der breiten Allee fahren wir geradeaus und halten uns rechts, um auf die Wusterhusener Straße zu gelangen. Dort führt ein breiter Radweg bis zum Ortsausgang.

Um die Landstraße zu überqueren, steigen wir von den Rädern ab. Weiter südlich geht es auf einem ruhigen Asphaltweg auf zwei Kilometern vorbei an weiten Feldern und Bänken, die zum Ausruhen einladen.

Nach zwei Kilometern erreichen wir das Dörfchen **Wusterhusen,** in dem sich eine Rast an der Johanniskirche lohnt, einer einjochigen Saalkirche in Feldsteinmauerwerk mit Wandmalereien im Inneren.

Anschließend fahren wir die Wolgaster Straße bis zum Ende, dann rechts etwa 500 Meter auf der Landstraße, bis links eine asphaltierte Straße nach Gustebin/Neu Boltenhagen abgeht. Auf dem leicht hügeligen Weg geht es vorbei an Feldern und Windrädern durch **Gustebin** und anschließend weiter geradeaus auf der Landstraße drei Kilometer nach **Neu Boltenhagen.** Die Landschaft ist überwältigend sanft, weite Wiesen breiten sich aus, in der Ferne wiegen sich Bäume im Wind.

In Neu Boltenhagen steht die **St.-Marien-Kirche,** ein gotischer Backsteinbau aus der zweiten Hälfte des 13. Jahrhunderts mit Holzturm. Direkt neben der Kirche befindet sich die *Galerie Weidenrute*. Andreas Hundt schafft hier Weidenobjekte mit Stein und Holz sowie hübsche Schmuckstücke aus Glas und Holz.

Wir fahren weiter auf der Alten Dorfstraße, kurz hinter dem Ort endet der Radweg, so dass wir auf der Fahrbahn fahren. Bäume bieten Schatten, Kühe weiden auf den Wiesen.

Nach **Katzow** sind es etwa 2,5 Kilometer, am Ortseingang stehen Pferde auf einer abgezäunten Koppel. Auf einer Bank unter der Linde vor der Kirche machen wir eine Pause im Schatten und genießen die Sicht auf hübsche reetgedeckte Fachwerkhäuser und die St.-Johannis-Kirche, die um 1300 erbaut wurde. Weiter geht es auf der Dorfstraße nach **Pritzier.** Nach etwa einem Kilometer ragen rechter Hand beeindruckende Skulpturen in den Himmel: Auf 20 Hektar werden Kunstwerke aus Holz und Stahl von 90 Künstlern gezeigt. Wir fahren weiter durch Pritzier bis zum Ende der Dorfstraße. Wir biegen links auf die B 111 ab und fahren etwa hundert Meter. Links geht der Schalenser Weg ab, rechts ein unscheinbarer Feldweg, den wir nehmen. Wir fahren etwa anderthalb Kilometer bis zum Ende und biegen dann links ab in den Buddenhagener Weg, der nach **Hohendorf** führt. Zuvor passieren wir ein großes Feld mit Solarpaneelen.

In Hohendorf überqueren wir die Chausseestraße und fahren auf dem Wolgaster Weg weiter, der als Radweg nach Wolgast beschildert ist. Nach etwa 600 Metern halten wir uns rechts, nun führt der Weg entlang der Bahnlinie der Usedomer Bäderbahn und des Hohendorfer Sees.

Nach knapp vier Kilometern erreichen wir über die Bahnhofstraße das mittelalterliche Stadtzentrum von **Wolgast.** Herzstück der Altstadt ist der Marktplatz mit dem barocken **Rathaus,** in dem die Tourist-Information untergebracht ist. Nördlich vom Marktplatz verläuft die Fußgängerzone, die Lange Straße. Hinter der Hausnummer 15 lockt die *Konditorei Biedenweg* mit himmlischen süßen Verführungen. Gut gestärkt geht es auf den Kirchturm der **St.-Petri-Kirche,** der einen grandiosen Ausblick bietet.

Wer denselben Weg nicht zurückstrampeln möchte, steigt in die UBB, die stündlich nach Greifswald fährt.

Markant: das schneeweiße Rathaus auf dem Marktplatz in Wolgast

Tour 5: Radtour von Greifswald nach Griebenow

Tour im Überblick

Charakteristik: Kurze Radtour vorbei an lauschigen Plätzen

Start & Ziel: Bahnhof Greifswald

Strecke: Greifswald – Neu Ungnade – Alt Ungnade – Levenhagen – Griebenow

Entfernung: ca. 24 Kilometer (hin & zurück)

Dauer: ca. 4 Stunden

Einkehrtipp: Café im Schloss Griebenow (▸ Seite 97)

Schlosskapelle von Griebenow

Weite Felder, eine verwunschene Begräbniskapelle und ein Schloss mit ausgedehnter Parkanlage – das erwartet uns auf dieser Tour, die ins Landesinnere westlich von Greifswald führt.

Wir starten am **Bahnhof Greifswald,** folgen der Osnabrücker Straße in nördlicher Richtung und passieren den **Botanischen Garten** (▸ Seite 70). Nach einer Linkskurve geht die Osnabrücker Straße in die Grimmer Straße über. Nach circa 200 Metern biegen wir von der Grimmer Straße links ab in die Loitzer Straße. Der Weg führt zunächst durch ein Gewerbegebiet.

Wir biegen links in die Verlängerte Scharnhorststraße ein und dann sofort wieder rechts in die Heinrich-Heine-Straße. Nun führt unser Weg durch ein Wohngebiet mit alten und neuen Häusern, in der Ferne sind Windräder zu sehen.

Nach etwa 800 Metern biegen wir rechts ab in die Georg-Büchner-Straße und radeln an hübschen Vorgärten vorbei, bis wir links auf die Loitzer Landstraße abbiegen. Dort verläuft der Radweg auf dem Gehweg. Weiter geht es auf der Chausseestraße vorbei an **Hinrichshagen.**

Wiesen und Felder bieten eine herrlich weite Sicht über die Landschaft. Wir überqueren die Brücke über die B 109. Allmählich wird der Autoverkehr weniger, dafür begegnen wir im Sommer vielen Radfahrern. Nach etwa zweieinhalb Kilometern erreichen wir eine Abzweigung, an der der Weg nach Alt Ungnade ausgeschildert ist. Dazu durchfährt man zunächst **Neu Ungnade,** ein klei-

nes Dorf mit einer Handvoll Häuser, auf dem Birkenweg.

Hinter dem Dorf wird der Birkenweg zu einem breiten Asphaltweg, der rechts von hohen Bäumen gesäumt wird, die im Sommer ein wenig Schatten bieten. Nach etwa einem Kilometer erreichen wir dann das Dorf **Alt Ungnade.** Ein kleiner Spaziergang über den verwilderten Friedhof mit kleiner Begräbniskapelle lohnt sich. An der Gabelung am Ortsende nehmen wir den linken Abzweig, vorbei an Flieder- und Schneeballgebüschen, die im Frühsommer üppig blühen.

Der Weg nach **Levenhagen** führt zwei Kilometer an Feldern entlang. Ende Mai blüht hier der Raps und ein betörender Duft steigt in die Nase. Wir kreuzen schließlich die B 109 und überqueren sie an einer Ampelanlage.

Wir radeln auf einem breit angelegten Radweg parallel zur Dorfstraße durch den Ort. Schräg gegenüber der sehenswerten **Backsteinkirche** mit Holzturm befindet sich ein kleiner Rastplatz, dort sitzt man im Schatten und kann Katzen beobachten, die über die Straße schleichen. Am Ortsausgang befindet sich das **Levenhagener Herrenhaus.**

Wir fahren weiter auf dem Radweg, bis wir links abbiegen Richtung **Griebenow,** das **Schloss** (via tipp ▸ Seite 97) ist an der Kreuzung bereits ausgeschildert. Dort lohnt sich ein ausgedehnter Spaziergang durch den Park ebenso wie eine Kaffeepause im Schloss-Café: Der Kaffee schmeckt ausgezeichnet und wird nur noch durch den selbst gebackenen Kuchen (Empfehlung: Bienenstich und Mohnkuchen!) getoppt. Am Wochenende kann man von 13 bis 17 Uhr im Remise-Laden kleine Mitbringsel wie Honig oder Fruchtaufstrich, Keramik und Stricksachen kaufen.

Zurück nach **Greifswald** geht es wieder auf demselben Weg.

Tour 6: Mit dem Rad von Greifswald bis Riemserort

Tour im Überblick

Charakteristik: Gut zu fahren auf Radwegen, Schotterpisten und einem Waldweg

Start & Ziel: Greifswald

Strecke: Greifswald – Neuenkirchen – Groß Karrendorf – Mesekenhagen – Gristow – Riemsersort

Entfernung: ca. 34 Kilometer (hin & zurück)

Dauer: ca. 5 Stunden

Einkehrtipp: *De Fischer un sin Frau* in Gristow (▸ Seite 92)

Natur pur erwartet uns bei dieser Radtour von Greifswald über die Felder nach Neuenkirchen und ins abgelegene Dorf Groß Karrendorf. In Gristow lockt der beeindruckende Blick vom Kirchturm, in Riemserort entspannt man am Strand.

Wir starten auf der Stralsunder Straße am Nordufer des Ryck in Richtung **Neuenkirchen**. Der breite, rot eingefärbte Radweg verläuft neben dem Gehweg.

Sobald links eine alte Mühle ohne Flügel auftaucht, fährt man rechts in die Theodor-Körner-Straße. Ausgeschildert ist der Radweg nach Stralsund und Mesekenhagen. Der schmale Radweg verläuft auf der linken Straßenseite. Achtung: Gegenverkehr ist möglich! Es geht vorbei an alten Fachwerkhäusern und neu gebauten Einfamilienhäusern mit gepflegten Vorgärten, bis man zur Kirche gelangt. Rechts gegenüber stehen hübsche Reetdachhäuser.

Nun gibt es zwei Möglichkeiten: Nach links ist der Radweg ausgeschildert, der neben der B 105 entlangführt. Alternativ kann man sich rechts halten und vom Alwine-Wuthenow-Ring in den landwirtschaftlichen Weg Leister Straße fahren. Dieser Weg ist deutlich ruhiger. Auf der Schotterpiste lohnt sich ein Blick zurück – man wird mit der Kirchensilhouette von Neuenkirchen belohnt.

Wir fahren vorbei an den Ortsteilen Leist II und III, auf der rechten Seite glitzert das Wasser des **Kooser Sees.** Die weite Landschaft ist beeindruckend. In Leist I verströmen eine Pferdekoppel, Fachwerk- und Holzhäuser eine gemütliche Atmosphäre. Auf Steinmauern wuchern bunte Blumen. Wir setzen unseren Weg fort und gelangen nach **Groß Karrendorf** (▸ Seite 91). Die Straße führt am Ortsrand vorbei und weiter Richtung Mesekenhagen.

Nach vier Kilometern Fahrt an Feldern vorbei über **Klein Karrendorf** erreichen wir **Mesekenhagen,** ein unspektakulärer Ort. Der ausgeschilderte Fahrradweg führt rechts Richtung Stralsund und Reinberg, hier nutzt man den Gehweg. Hinter Mesekenhagen gibt es ein kurzes Stück mit Kopfsteinpflaster, danach ist die Straße asphaltiert und verläuft parallel zur B 105, abgetrennt durch einen breiten Grünstreifen. Vorbei geht es an Schafen, Kühen, Pferden und dem **Naturerlebnispark Gristow** (▸ Seite 92). Wo der Wald beginnt, biegen wir rechts ab und folgen der Straße bis nach Gristow.

In **Gristow** lohnt sich eine Rast. Zunächst sollte man den **Kirchturm** besteigen (via tipp ▸ Seite 92) und anschließend in der Fischgaststätte *De Fischer un sin Frau* am Hafen einkehren. Anschließend fährt man aus Gristow hinaus und biegt rechts ein in den Riemser Weg (ein Schild verweist auf den Stadtforst Greifswald).

Der Waldweg führt an Kleingärten vorbei zu einer ruhigen Badestelle mit Bank. Rechts geht es am Wasser Richtung **Riemserort** (▸ Seite 93). Auch dort gibt es einen kleinen Strand links neben der Brücke, die nach Riems führt.

Nach einem Sprung ins kühle Nass geht es zurück nach **Greifswald.**

Häuser in Gristow

Kartenregister

Übersichtskarte

Ortsplan

Tourenkarten

Kartensymbole

1 Sehenswürdigkeit in der Greifswalder Altstadt
i Tourist-Information
★ Top-Highlight
■ Sehenswürdigkeit
Strand
P Parkplatz
Kirche
H Haltestelle
Hafen
Bahnlinie mit Bahnhof

Die Autorin

Ute Kissling ist Reisebuch- und Krimiautorin. Für diesen Reiseführer hat sie viele Wochen lang die Stadt Greifswald und die faszinierende Landschaft am Greifswalder Bodden neu erkundet und dabei viel Überraschendes entdeckt.

Liebe Leserinnen und Leser,

alle Angaben in diesem Reiseführer sind gewissenhaft geprüft. Trotz gründlicher Recherche unserer Autorinnen und Autoren können sich manchmal Fehler einschleichen. Wir bitten um Verständnis, dass der Verlag dafür keine Haftung übernehmen kann.

Über Hinweise, Berichtigungen und Ergänzungsvorschläge freuen wir uns jederzeit:

via reise verlag
Lehderstraße 16–19
13086 Berlin
E-mail: post@viareise.de
www.viareise.de

1. Auflage, Berlin 2018

ISBN 978-3-945983-34-8

Text & Recherche
Ute Kissling

Redaktion
Natalie Hanß

Layout & Gestaltung
Annelie Krupicka

Kartografie
Annelie Krupicka

Druck
Ruksaldruck, Berlin

MIX
Papier aus verantwortungsvollen Quellen
FSC
www.fsc.org
FSC® C104247

Fotos
Ute Kissling, außer:
aro49/Fotolia 53; Eldorado Promotion/Fotolia 99; Elke Hötzel/Fotolia 14; fotograupner/Fotolia 27; Gemeinfrei 10, 17, 21, 22, 26, 42, 49, 51, 55, 104; Hôtel Galerie 64; Karin Heymann/PIXELIO 96; M_Franke/Fotolia 19; Neil Burton/Shutterstock.com 28; Pommersches Landesmuseum 63; pure-life-pictures/Fotolia 39, 72; Rico K/Fotolia 100; RUI FERREIRA/Shutterstock.com 29; sabine hürdler/Fotolia 40; Scheddel, Klaus 2 (o.), 4, 5, 8/9, 12/13, 46, 52, 56, 60, 71; Sonja Bade 85; Tilman Ehrcke/Shutterstock.com 81; Universitäts- und Hansestadt Greifswald/Werner Franke 31; Uwe Kantz/Fotolia 76

Umschlag vorn
Hafen und historische Klappbrücke von Wieck (pure-life-pictures/Fotolia)

Umschlagklappe vorn
Seebrücke von Lubmin (Ute Kissling)

Umschlag hinten
Fischmarkt und Dom von Greifswald (Magnus/Fotolia)

Sehenswürdigkeiten in der Altstadt